"十四五"国家重点出版物出版规划项目
交通运输科技丛书·公路基础设施建设与养护
跨海交通集群工程智能化运维系列丛书

面向数字大桥的智联平台建设与应用

周波 景强 李洁玮 赵晓琼 张建 著

人民交通出版社

北京

内 容 提 要

本书依托国家重点研发计划项目"港珠澳大桥智能化运维技术集成应用"部分研究成果编写,是"跨海交通集群工程智能化运维系列丛书"中的一本。

本书面向交通数字孪生和港珠澳大桥智能运维重大需求,系统性地阐述了港珠澳大桥运行管理智联平台的建设与实施,搭建了基于港珠澳大桥智能化运维数据标准体系的智联平台整体架构,攻克了桥岛隧多类型业务智能协同调度、多源异构海量数据处理、数字孪生交互映射与运维管控、立体信息安全防护等关键技术,相关技术支撑了港珠澳大桥的安全、高效与稳定运行,对交通基础设施运维业务和数字化技术的跨学科融合创新起到重要引领作用。

本书可供从事交通基础设施信息化建设和智能运维管理人员参考使用。

图书在版编目(CIP)数据

面向数字大桥的智联平台建设与应用／周波等著.
北京:人民交通出版社股份有限公司,2024.9.
(跨海交通集群工程智能化运维系列丛书).— ISBN 978-7-114-19856-4

Ⅰ．U448.14-39

中国国家版本馆 CIP 数据核字第 2024K8S607 号

Mianxiang Shuzi Daqiao de Zhilian Pingtai Jianshe yu Yingyong

书　　名：	面向数字大桥的智联平台建设与应用
著 作 者：	周　波　景　强　李洁玮　赵晓琼　张　建
责任编辑：	牛家鸣　潘艳霞　师静圆
责任校对：	赵媛媛　卢　弦
责任印制：	刘高彤
出版发行：	人民交通出版社
地　　址：	(100011)北京市朝阳区安定门外外馆斜街3号
网　　址：	http://www.ccpcl.com.cn
销售电话：	(010)85285857
总 经 销：	人民交通出版社发行部
经　　销：	各地新华书店
印　　刷：	北京市密东印刷有限公司
开　　本：	787×1092　1/16
印　　张：	11
字　　数：	176千
版　　次：	2024年9月　第1版
印　　次：	2024年9月　第1次印刷
书　　号：	ISBN 978-7-114-19856-4
定　　价：	70.00元

(有印刷、装订质量问题的图书,由本社负责调换)

交通运输科技丛书编审委员会

(委员排名不分先后)

顾　问：王志清　汪　洋　姜明宝　李天碧

主　任：庞　松

副主任：洪晓枫　林　强

委　员：石宝林　张劲泉　赵之忠　关昌余　张华庆

　　　　郑健龙　沙爱民　唐伯明　孙玉清　费维军

　　　　王　炜　孙立军　蒋树屏　韩　敏　张喜刚

　　　　吴　澎　刘怀汉　汪双杰　廖朝华　金　凌

　　　　李爱民　曹　迪　田俊峰　苏权科　严云福

跨海交通集群工程智能化运维系列丛书
编审委员会

主　　任：郑顺潮

副主任：（排名不分先后）

    陈　纯　　张建云　　岳清瑞　　叶嘉安

    滕锦光　　宋永华　　戴圣龙　　沙爱民

    方守恩　　张劲泉　　史　烈　　苏权科

    韦东庆　　张国辉　　莫垂道　　李　江

    段国钦　　景　强

委　　员：（排名不分先后）

    汤智慧　　苗洪志　　黄平明　　潘军宁

    杨国锋　　蔡成果　　王　罡　　夏　勇

    区达光　　周万欢　　王俊骅　　廖军洪

    汪劲丰　　董　玮　　周　波

《面向数字大桥的智联平台建设与应用》编写组

丛书总主编：景　强

主　　　编：周　波　景　强　李洁玮　赵晓琼

　　　　　　张　建

参　　　编：（排名不分先后）

　　　　　　韦东庆　李书亮　夏子立　刘　彬

　　　　　　沈　巍　简小云　周立炜　祝晓春

　　　　　　谢　琎　才振功　何江峰　张　文

编 写 单 位：港珠澳大桥管理局

　　　　　　浙大网新科技股份有限公司

总序 GENERAL FOREWORD

科技是国家强盛之基,创新是民族进步之魂。中华民族正处在全面建成小康社会的决胜阶段,比以往任何时候都更加需要强大的科技创新力量。党的十八大以来,以习近平同志为核心的党中央做出了实施创新驱动发展战略的重大部署。党的十八届五中全会提出必须牢固树立并切实贯彻创新、协调、绿色、开放、共享的发展理念,进一步发挥科技创新在全面创新中的引领作用。在最近召开的全国科技创新大会上,习近平总书记指出要在我国发展新的历史起点上,把科技创新摆在更加重要的位置,吹响了建设世界科技强国的号角。大会强调,实现"两个一百年"奋斗目标,实现中华民族伟大复兴的中国梦,必须坚持走中国特色自主创新道路,面向世界科技前沿、面向经济主战场、面向国家重大需求。这是党中央综合分析国内外大势、立足我国发展全局提出的重大战略目标和战略部署,为加快推进我国科技创新指明了战略方向。

科技创新为我国交通运输事业发展提供了不竭的动力。交通运输部党组坚决贯彻落实中央战略部署,将科技创新摆在交通运输现代化建设全局的突出位置,坚持面向需求、面向世界、面向未来,把智慧交通建设作为主战场,深入实施创新驱动发展战略,以科技创新引领交通运输的全面创新。通过全行业广大科研工作者长期不懈的努力,交通运输科技创新取得了重大进展与突出成效,在黄金水道能力提升、跨海集群工程建设、沥青路面新材料、智能化水面溢油处置、饱和潜水成套技术等方面取得了一系列具有国际领先水平的重大成果,培养了一批高素质的科技创新人才,支撑了行业持续快速发展。同时,通过科技示范工程、科技成果推广计划、专项行动计划、科技成果推广目录等,推广应用了千余项科研成果,有力促进了科研向现实生产力转化。组织出版"交通运输建设科技丛书",是推进科技成果公开、加强科技成果推广应用的一项重要举措。"十二五"期间,该丛书共出版72册,全部列入"十二五"国家重点图书出版规划项目,其中12册获得国家出版基金支持,6册获中华优秀出版物奖图书提名奖,行业影响力和社会知名度不断扩大,逐渐成为交通运输高端学术交流和科技成果公开的重要平台。

"十三五"时期,交通运输改革发展任务更加艰巨繁重,政策制定、基础设施建设、运输管理等领域更加迫切需要科技创新提供有力支撑。为适应形势变化的需要,在以往工作的基础上,我们将组织出版"交通运输科技丛书",其覆盖内容由建设技术扩展到交通运输科学技术各领域,汇集交通运输行业高水平的学术专著,及时集中展示交通运输重大科技成果,将对提升交通运输决策管理水平、促进高层次学术交流、技术传播和专业人才培养发挥积极作用。

当前,全党全国各族人民正在为全面建成小康社会、实现中华民族伟大复兴的中国梦而团结奋斗。交通运输肩负着经济社会发展先行官的政治使命和重大任务,并力争在第二个百年目标实现之前建成世界交通强国,我们迫切需要以科技创新推动转型升级。创新的事业呼唤创新的人才。希望广大科技工作者牢牢抓住科技创新的重要历史机遇,紧密结合交通运输发展的中心任务,锐意进取、锐意创新,以科技创新的丰硕成果为建设综合交通、智慧交通、绿色交通、平安交通贡献新的更大的力量!

2016年6月24日

序 | FOREWORD

　　随着我国国民经济不断发展和社会的进步,交通基础设施对国家的建设和发展的重要性日益显现,并深刻影响着社会的方方面面。港珠澳大桥作为交通基础建设领域中跨海集群工程的突出代表和经典案例,为粤港澳地区的经济活跃和交通出行起到了重要作用,其建成也是国家强盛的体现。在大桥建成通车后,港珠澳大桥管理局的运营管理团队仍然不断创新,随着国家重点研发计划"港珠澳大桥智能化运维技术集成应用"的立项和开展,港珠澳大桥管理局和众多参研单位本着管好大桥、用好大桥的理念,融合包括技术装备、业务系统、智联平台、技术标准在内的各类先进技术,提升了整个港珠澳大桥的智能化运维水平。

　　面对港珠澳大桥这样的跨海集群工程的典型案例,书中创新性地提出并建成了港珠澳大桥运行管理智联平台。该平台针对异构业务系统的特点,采用分层集成的设计思路,构建了标准+技术+落地的多源异构数据中枢、集成与协同调度、多技术融合数字孪生可视化等关键性子系统,并根据具体环境搭建了多层立体安全防护系统,最终建成一整套支撑港珠澳大桥运行维护的数字基座,在整个跨海集群交通基础设施运行维护领域具有引领和示范作用。

　　本书围绕港珠澳大桥这一跨海集群工程的代表性案例,以其运行与维护为业务背景展开,以信息化数字化建设为线索,详细地介绍了港珠澳大桥运行管理智联平台的需求分析、设计思路、整体架构,并分别介绍构成该平台的关键技术和各个子系统。本书为跨海集群工程的信息化、数字化建设提供了翔实的方法论和经典案例,并对交通基础设施的信息化、数字化建设有重要的参考意义。

2024 年 6 月

前言 PREFACE

  港珠澳大桥地处珠江口伶仃洋海域,是现今世界上建设规模最大、运营环境最复杂的跨海集群工程,代表了我国跨海集群工程建设的最高水平。为攻克跨海重大交通基础设施智能运维技术瓶颈,示范交通行业人工智能和新基建技术落地应用,港珠澳大桥管理局统领数十家参研单位,依托国家重点研发计划"港珠澳大桥智能化运维技术集成应用"、广东省重点领域研发计划"重大跨海交通集群工程智能安全监测与应急管控"、交通运输领域新型基础设施建设重点工程"数字港珠澳大桥"、交通强国建设试点任务"用好管好港珠澳大桥"等开展技术攻关,将港珠澳大桥在智能运维方面的积极探索以关键技术的方式进行提炼,共同撰写了"跨海交通集群工程智能化运维系列丛书"。丛书的出版,对促进传统产业与新一代信息技术融通创新具有重要意义,为国内外跨海集群工程智能化运维提供了丰富的借鉴和参考。

  为攻克跨海重大交通基础设施智能运维技术瓶颈,示范交通行业新基建技术落地应用,港珠澳大桥管理局与参研单位联合攻关,共同规划构建了"港珠澳大桥运行管理智联平台"。该平台旨在以数据标准为基础,为港珠澳大桥各业务系统提供数字平台化支撑,解决运维过程中长期存在的"数据孤岛""业务烟囱"等问题,达到"统一交互"要求,并通过在数据、业务、交互三个层面集成业务系统,打通全链条业务场景,实现一座"物理大桥"与一座"数字大桥"的顶层设计,引领交通基础设施智能运维的体系建设和数字化建设,从而以数字化、智能化、集成化的新思路全面赋能交通基础设施运维,大幅提升运维管理水平,达到降本增效、延长交通基础设施寿命的目的。

  本书共分为7章。第1章从全局视野深入剖析了港珠澳大桥运行管理智联平台的研究背景与价值，并从国内外两个维度分别阐述了交通基础设施信息化建设的演进历程及其当前面临的挑战。第2章则聚焦于当前交通基础设施信息化建设的挑战，进一步细化需求分析，并据此明确了港珠澳大桥运行管理智联平台的建设目标、技术路径及核心技术体系。第3章详细介绍了港珠澳大桥运行管理智联平台的数据中枢，重点阐述了以数据标准化为基础的数据底座的构建与实施策略。第4章聚焦港珠澳大桥运行管理智联平台的业务系统集成框架，依托多业务异构服务协同调度技术，为异构业务系统打造了一个高效、灵活、可扩展的运行环境。第5章阐述了港珠澳大桥运行管理智联平台中的数字孪生技术，从模型构建、业务叠加、统一交互三个维度全面展示了数字孪生技术在港珠澳大桥运维业务中的深度应用。第6章介绍了港珠澳大桥运行管理智联平台构建的多层次、全方位安全防护体系。第7章从实施效果与技术成果两个维度，对港珠澳大桥运行管理智联平台的成果进行了全面总结。

  限于作者的水平和经验，书中错漏之处在所难免，恳请读者批评指正。

作 者

2024年6月

目录 CONTENTS

第1章 交通基础设施运维信息化的发展与挑战

1.1 研究背景与意义 ·· 002
1.2 国际交通基础设施运维信息化的发展概况 ·· 003
1.3 我国交通基础设施运维信息化的发展概况 ·· 006
1.4 交通基础设施运维信息化的新挑战 ·· 009
1.5 应对挑战:平台化、智能化、集成化 ·· 011
  1.5.1 平台化:构建一体化运维管理平台 ·· 011
  1.5.2 智能化:运用人工智能技术提升运维效能 ·· 012
  1.5.3 集成化:实现跨系统、跨领域的深度协同 ·· 013
1.6 本章小结 ·· 013
本章参考文献 ·· 013

第2章 数字港珠澳大桥智联平台的构建

2.1 智联平台需要解决的问题 ·· 016
2.2 智联平台的构建目标 ··· 020
2.3 智联平台的构建与技术路线 ··· 027
2.4 智联平台的技术挑战与应对 ··· 029
2.5 本章小结 ·· 031
本章参考文献 ·· 032

第 3 章　海量多源异构数据中枢建设

- 3.1 海量多源异构数据管理 ·· 036
  - 3.1.1 智联平台数据中枢的需求与挑战 ································ 036
  - 3.1.2 智联平台数据中枢的技术路线 ···································· 038
- 3.2 智联平台数据中枢异构数据融合技术 ································· 041
  - 3.2.1 数据中枢统一元数据模型 ·· 041
  - 3.2.2 异构数据源适配 ··· 046
  - 3.2.3 通过数据接口进行数据交互的单体化数据生态 ············· 048
- 3.3 高性能数据流水线编排技术 ·· 051
  - 3.3.1 流式数据实时计算引擎 ··· 053
  - 3.3.2 AI 推理引擎 ·· 054
  - 3.3.3 通用融合计算引擎 ··· 057
- 3.4 海量存储及计算弹性伸缩技术 ··· 058
  - 3.4.1 资源名字系统 ·· 060
  - 3.4.2 资源分片与复制 ··· 062
  - 3.4.3 资源路由与消费 ··· 065
- 3.5 智能化数据综合治理 ·· 066
  - 3.5.1 数据标准管理 ·· 067
  - 3.5.2 数据资产管理 ·· 069
  - 3.5.3 数据任务管理 ·· 070
  - 3.5.4 数据服务管理 ·· 071
- 3.6 基于数据标准的多业务数据集成管控 ································· 072
- 3.7 本章小结 ·· 077
- 本章参考文献 ·· 077

第 4 章　多业务异构服务协同调度技术

- 4.1 基于容器技术的统一技术架构 ··· 080

  4.1.1 智联平台协同调度系统的需求与挑战 ·················· 080
  4.1.2 智联平台协同调度系统的技术路线 ·················· 081
 4.2 基于规则编排的复杂异构服务协同调度 ··················· 087
  4.2.1 基于云原生的 API 网关的架构 ····················· 089
  4.2.2 基于 API 网关技术的规则编排实施 ·················· 092
  4.2.3 异构服务协同调度 ····························· 094
  4.2.4 业务系统松耦合易扩展 ·························· 096
 4.3 非侵入式业务系统故障感知分析与自动隔离 ··············· 098
  4.3.1 云上业务运维保障能力 ·························· 098
  4.3.2 eBPF 技术 ··································· 099
  4.3.3 全链路监控服务 ······························· 101
  4.3.4 容器云故障自动隔离 ···························· 103
 4.4 多业务异构协同调度技术体系 ·························· 105
 4.5 本章小结 ··· 107
 本章参考文献 ··· 107

第 5 章　全场景数字孪生交互技术

 5.1 智联平台数字孪生技术的需求 ·························· 112
  5.1.1 智联平台数字孪生技术的需求与挑战 ················ 112
  5.1.2 智联平台数字孪生技术的技术路线 ·················· 113
 5.2 基于空间检索的三维模型解析和模型动态装载技术 ·········· 116
  5.2.1 空间检索技术 ································ 116
  5.2.2 三维模型解析技术 ····························· 117
  5.2.3 模型动态装载技术 ····························· 118
 5.3 基于后端渲染的轻量级实时交互技术 ···················· 120
  5.3.1 后端渲染传输技术 ····························· 120
  5.3.2 后端渲染架构设计 ····························· 122
  5.3.3 轻量级交互技术 ······························· 123
 5.4 本章小结 ··· 124
 本章参考文献 ··· 124

第 6 章　智联平台立体纵深安全防护体系

6.1 智联平台安全防护体系的需求 …… 128
6.1.1 智联平台安全防护体系的需求与挑战 …… 128
6.1.2 智联平台安全防护体系的技术路线 …… 129
6.1.3 基于云平台的增强型防御 …… 131
6.2 基于文件可信分级的操作系统安全防御机制 …… 135
6.2.1 构建信任库 …… 135
6.2.2 服务器端 …… 137
6.2.3 客户端 …… 138
6.3 用户异常行为感知和阻断 …… 140
6.3.1 基于 Nginx 插件流量旁路与管控技术 …… 140
6.3.2 多平台设备指纹技术 …… 141
6.3.3 流式数据分析与机器行为识别技术 …… 143
6.4 容器平台安全防护技术 …… 143
6.5 应用系统安全防护技术 …… 145
6.6 本章小结 …… 147
本章参考文献 …… 147

第 7 章　数字港珠澳大桥的建设成果

7.1 智联平台实施效果 …… 152
7.2 智联平台技术成果 …… 157

索引

CHAPTER 1 | 第 1 章

交通基础设施运维信息化的发展与挑战

本章从交通基础设施运维的业务概貌切入,将交通基础设施运维业务与信息化相结合,形成交通基础设施运维信息化的定义,并讨论了它的范围和边界。然后通过综述的形式分别讨论了国际和国内交通基础设施运维信息化的发展与现状;通过对典型系统的业务功能和技术特点进行分析,以断代的方式厘清交通基础设施运维信息化系统的发展脉络;最后延续这一发展脉络讨论未来交通基础设施运维信息化系统的发展方向和构建思路。

1.1 研究背景与意义

港珠澳大桥地处珠江口伶仃洋海域,全长约 55 公里,其战略地位突出,通航要求高,是连接香港特别行政区、广东省珠海市、澳门特别行政区的跨海通道。港珠澳大桥的建成从根本上改变了珠江西岸地区与香港之间以水运为主和陆路绕行的客货运输状况,极大地改善了广东省珠江三角洲西部地区的投资环境,并为香港持续繁荣和稳定发展创造了条件。

习近平总书记出席港珠澳大桥开通仪式时强调,要"用好管好大桥,为粤港澳大湾区建设发挥重要作用"❶。"用好管好大桥"的关键在于确保设施运维的可靠性、安全性和高效性。目前,超长桥隧的运维面临多项挑战,包括监控能力不足、状态评估不明确、维护风险高、自动化水平低、数据管理不精确等。传统的运维技术已难以满足现代基础设施的需求,急需引入创新技术,特别是人工智能(Artificial Intelligence,AI)等前沿科技,以实现技术突破。

港珠澳大桥作为典型的交通基础设施,其"运维"至少包括两个层面:一是作为交通基础设施本身的维护与养护;二是作为交通设施承载的交通使命。这两个层面是相互作用的,作为基础设施的维护是基础,而作为交通枢纽的运行则体现了维护的水平和成效。

---

❶ 《港珠澳大桥日益成为大湾区发展"纽带"》,《人民日报》2024 年 10 月 18 日。

1.2 国际交通基础设施运维信息化的发展概况

根据调研,将国际交通基础设施运维信息化的发展分为三个阶段,并以桥梁运维管理系统为例进行阐述。

(1)第一阶段

第一代交通基础设施运维管理系统诞生于20世纪60—70年代,它主要依赖数据库技术,收集和存储交通基础设施的基础数据,这些基础数据包括交通基础设施的位置、类型、尺寸等信息。虽然第一代交通基础设施运维管理系统的功能相对有限,仅限于简单的查询和统计,但它为交通基础设施的基本信息管理奠定了基础。

第一代交通基础设施运维管理系统以1968年美国联邦公路局(FHWA)开发的桥梁运维管理系统——Pontis系统为代表。Pontis系统在美国各州得到了广泛应用。Pontis系统的特点之一是利用信息化技术,有效地实现大量数据的存储和查询,为桥梁管理者提供了一个高效和友好的工作界面。这一创新对于桥梁的运维管理至关重要,因为它简化了复杂的数据处理过程,并使得信息更容易被获取和分析。Pontis系统的独到之处还在于其采用以构件为单元的统计方法,即将桥梁的每一个构件都从单个桥梁中独立出来,并将其归类为构件族的一部分。这种方式有助于更加精细化地分析和管理桥梁的各个组成部分,从而提高桥梁的整体性能和可靠性。Pontis系统的另一个显著特点是可通过简单的马尔可夫链来模拟桥梁的退化过程,并运用概率论知识来评估桥梁的状态。这种方法为桥梁的健康状况提供了一种动态的评估手段,使桥梁管理者能够预见并应对潜在的结构问题,从而采取适时的维修和保养措施。Pontis系统还涵盖了桥梁数据管理、健康状态评定、成本分析与预算以及决策优化等多个方面。在桥梁数据管理方面,Pontis系统能够存储和处理包括桥梁的位置、类型、尺寸、材料、维护记录等在内的大量信息。在健康状态评定方面,Pontis系统通过分析各种数据,评估桥梁的当前状态,并对其未来的性能进行预测。在成本分析与预算方面,Pontis系统可以帮助管理者评估各种维护和修复方案的成本效益,从而制订合理的预算计划。而在决策优化方面,Pontis 系统通过综合分析各种因素,为桥梁管理者提供科学的、基于数据的决策支持。Pontis 系统的综合性和灵活性使其成为桥梁管理的强大工具。通过信息化技术的运用,Pontis 系统不仅提高了桥梁管理的效率,而且增强了桥梁的安全性和可靠性。对于一个国家的基础设施而言,这意味着更长的使用寿命,更少的维修成本,以及对公众安全的更高承诺。在这个意义上,Pontis 系统是桥梁管理的一个里程碑,它展示了科技在基础设施管理中的巨大潜力。该系统沿用至今。

(2)第二阶段

进入第二阶段,桥梁运维管理系统的能力得到显著提升。这个阶段的系统不仅在数据存储方面有所增强,而且数据范围也变得更加广泛。除了桥梁的基本数据信息外,它还包含了检测数据,如桥梁的负荷、应力、位移等,以及评定等级和相关的决策信息。这意味着第二代系统开始具有对桥梁状态进行更全面分析的能力,并能为桥梁管理者提供更多支持以做出更加明智的决策。通过第二代系统,工程师和管理者可以更好地评估桥梁的健康状况,并制定适当的维修和维护策略。

第二代桥梁运维管理系统的典型代表是 1987 年丹麦研发的 Danbro 系统。通过不断地研发和实践,Danbro 系统已发展成为一个高度成熟和功能丰富的桥梁管理工具,并沿用至今。Danbro 系统不仅存储了大量关于桥梁的设计、施工规范和全生命周期活动的数据,而且还配备了用于核对数据的软件,为桥梁的养护管理提供了强大的功能模块。这使得丹麦的桥梁管理部门能够实现一系列管理活动,包括基本数据采集、检查与检测、招投标、特殊道路运输管理等。丹麦大贝尔特桥运营团队在这方面表现出了特别的创新能力,他们率先提出了建设大桥"数字大脑"的概念,通过数据驱动、无人检测、机器学习等技术手段来提升运维效率。他们还引入了基于无人设备的巡检和视频图像处理技术,探索利用机器学习技术进行大桥损伤检测,并结合数字孪生技术与建筑信息模型对损伤进行预测。与 Pontis 系统相比,Danbro 系统除了涵盖桥梁数据管理、健康状态评定、成本分析与预算以及决策优化等基本功能之外,还引入了新的模块化、智能化的概念,并应用了大量当时的先进技术,在功能的综合性和灵活性方面有了显著的提升。Danbro 系统最突出的改进是在基本的数据管理和存储功能的基础上,通过增加用于数据验证的软件模块,以及其与无人检测设备和机器学习技术的集成,特别是引入了概率模型和马尔可夫链来模拟桥梁的退化过程,并通过数据分析来评估桥梁的状态和预测其未来性能,这大大增强了其智能化评估的能力,从而可以在整个工作流中实现全生命周期自动化智能评估。Danbro 系统上线以来在丹麦得到了广泛的应用,并成功支持了丹麦桥梁管理部门的多项任务,包括数据采集、检查与检测、招投标等。

(3)第三阶段

随着技术的进步和对高效管理需求的增加,交通基础设施的运维管理进入了第三个阶段。这个阶段的桥梁运维管理系统开始利用更加先进的技术,如地理信息系统(GIS)和建筑信息模型(BIM)。通过 GIS 技术,系统能够将桥梁数据与其地理位置相关联,这有助于更加直观地展示和分析桥梁的信息。而 BIM 技术在一个三维模型中创建和管理桥梁的物理和功能信息,这对于项目的设计、建造和运营管理阶段都至关重要。第三代系统也大量采用数字化技术,使桥梁管理者能够更加准确地模拟和预测桥梁的性能和需求,从而做出更加科学的决策。从最初的简单数据存储和查询,到包含检测数据和决策信息的全面分析,再到采用 GIS 和 BIM 技术的项目级管理和科学决策,桥梁运维管理系统的发展反映了技术的进步和对更高效桥梁管理的不断追求。这些进步不仅提高了桥梁的安全性和耐久性,还有助于优化资源配置和提高工作效率。

NATS 系统是第三阶段的交通基础设施管理系统的代表之作,于 20 世纪 90 年代初期在英国投入使用,是目前仍在广泛应用的交通基础设施管理系统之一。该系统旨在为桥梁等交通基础设施维护和管理提供支持。NATS 系统是一个基于 Web 的应用程序,可以帮助工程师和技术人员对交通基础设施进行维护和管理。该系统提供了一个集成的交通基础设施数据库,其中包含了所有英国公路局所管辖的交通基础设施信息。此外,该系统还提供了一些功能,如评估、维护计划、预算管理等,以帮助用户更好地管理和维护交通基础设施。NATS 系统在研发过程中广泛借鉴了美国的 Pontis 系统与丹麦的 Danbro 系统,并针对 Danbro 系统的不足做了许多优化。与上一代的交通基础设施管理系统相比,NATS 系统显然具备了更强的平台化属性,其具备多种数据传输协议,支持异构数据和非结构化数据存储,支持多种开发语言和技术框架,具备更好的可扩展性。国际历代桥梁运维管理系统统计表如表 1-1 所示。

国际历代桥梁运维管理系统统计表　　表 1-1

名称	典型代表	国家	主要功能	技术特点	应用情况
第一代桥梁运维管理系统	Pontis 系统	美国	信息管理、数据存储;桥梁状态评估和预测	马尔可夫链模拟退化;概率论知识	美国各州桥梁管理
第二代桥梁运维管理系统	Danbro 系统	丹麦	数据管理、存储、核对;养护管理功能模块	数字大脑概念;数据驱动、无人检测、机器学习	丹麦桥梁管理部门广泛使用
第三代桥梁运维管理系统	NATS 系统	英国	交通基础设施维护和管理支持	平台化属性;多种数据传输协议;异构数据和非结构化数据存储	英国公路局管辖的交通基础设施

1.3 我国交通基础设施运维信息化的发展概况

我国交通主管部门自 20 世纪 80 年代起着手研发公路桥梁管理系统（Chinese Bridge Management System, CBMS）。CBMS 的核心目标是为工程师和管理者提供一个综合性的桥梁信息管理平台,该平台能够收集、存储、处理、分析和评估桥梁及其相关设施的信息。该系统的引入极大地改善了桥梁的维护和管理,提高了决策的科学性,并为整个国家的基础设施管理带来了革命性的变化。

CBMS 的起步可以追溯到 1986 年,我国交通主管部门着手开发一个初步的桥梁管理系统。经过近六年的研发,CBMS V1.0 于 1992 年正式发布,CBMS V1.0 紧跟世界第二代桥梁运维信息化系统的发展,主要聚焦于建立一个基础的数据库结构,收集桥梁的基本信息,如桥梁的位置、类型、尺寸、结构和材料等。

随着信息技术的进步和桥梁管理需求的增加,CBMS 开始逐步升级和完善。在 20 世纪 90 年代中期,GIS 技术被引入 CBMS 中。通过 GIS 技术,CBMS 能够以图形方式展示桥梁的位置和相关信息,使得工程师和决策者能够更直观地了解桥梁的地理分布和相互关系。这一创新对于规划、维护和应急响应具有重大价值。进入21世纪，随着计算能力的提升和数据采集技术的发展，CBMS在数据处理和分析方面取得了显著进步。更先进的传感器和远程监控技术被用于收集桥梁的实时数据，包括结构健康、交通流量和环境条件等。这些数据经过分析后，能够为工程师提供关于桥梁状态和性能的深入说明，从而使得维护和管理工作更加精确和及时。此外，CBMS逐步引入更为复杂的预测模型和算法，以预测桥梁的未来性能和寿命。通过对大量历史数据和变量的分析，这些模型能够帮助决策者制定更加合理的维护计划和投资策略，以提前应对可能的风险和挑战。值得一提的是，为了提高系统的用户友好性和操作效率，CBMS的界面和功能也在不断优化。简洁的界面设计、直观的图形展示和强大的数据处理功能使得CBMS成为桥梁管理工作的得力工具。

近年来，随着大数据、云计算和人工智能等技术的发展，CBMS开始融入这些先进技术，进一步增强其分析和预测能力。例如，通过人工智能算法，CBMS能够自动识别和分析桥梁的裂缝、变形等问题，大大提高了检测的准确性和效率。

CBMS作为我国交通主管部门主导研发的公路桥梁管理系统，从其最初的版本CBMS V1.0开始，经历了多次升级和演变，已成为一个集数据收集、处理、分析、预测和决策于一体的综合性管理平台。它在提高我国公路桥梁管理水平、保障交通安全、促进经济社会发展方面起着至关重要的作用。展望未来，随着科学技术的进步，CBMS将继续发挥其核心价值，为我国的基础设施管理贡献力量。

上海市桥梁管理系统是我国第一个城市桥梁管理系统，由同济大学于1995年开发。该系统的开发初衷是为了满足上海市对桥梁管理的特定需求。该系统通过集成和分析桥梁的相关数据，为桥梁的维护、监测和管理提供了科学的决策依据。值得注意的是，该系统是基于GIS平台开发的，能够以图形化的方式展示和分析桥梁数据。

上海市桥梁管理系统初步具备了桥梁维护与养护所需要的主要功能，包括以下几个方面：①信息收集与数据库建立。上海市桥梁管理系统收集了大量的桥梁信息，包括桥梁的位置、结构类型、建造日期、材料、尺寸等，此外，还包括桥梁的使用和维护历史、交通流量和环境条件等信息。所有这些数据都储存在一个中心化的数据库中。②GIS集成。通过GIS集成，上海市桥梁管理系统可以以图形化的方式展示桥梁的地理位置和相关信息，这使得工程师和决策者能够更直观地了解桥梁的地理分布，以及桥梁与周边环境的关系。GIS还允许用户进行空间分析，如确定桥梁的洪水敏感区域。③桥梁健康监测。上海市桥梁管理系统包含一个非常完整的桥梁健康监测模块，用于评估桥梁的结构完整性和性能。通过使用传感器和其他检测设备，系统能够实时监测桥梁的变形、裂缝、材料劣化等参数，这些数据对于及时发现问题和修复病害至关重要。④维护与养护管理。上海市桥梁管理系统还包含一个维护和养护管理模块，用于规划和跟踪桥梁的维修工作，通过分析桥梁的健康数据和使用历史，系统能够帮助工程师制定科学的维护计划，并分配必要的资源。⑤决策支持与报告。上海市桥梁管理系统能够进行数据分析并生成各种报告，以支持决策过程，包括桥梁的健康报告、维修计划、预算分析等。这些报告为决策者提供了关于桥梁状态和所需维护工作的详细信息。⑥预测与风险管理。上海市桥梁管理系统还包含预测模型，用于评估桥梁的未来性能和可能的风险。这有助于决策者制定长期的维护和投资策略，以及为可能的风险制定应急计划。

上海市桥梁管理系统自1995年推出以来，已经经历了多次升级和改进，以适应不断变化的技术和管理需求。此外，随着大数据、云计算和人工智能等技术的发展，该系统正在融入更多先进的分析工具和功能。它通过综合管理桥梁信息，提供了一个强大的工具，以科学和高效的方式支持桥梁的维护和管理，确保上海市的交通安全和畅通。

我国一直致力于通过科技进步和国际合作提升交通基础设施的管理水平。厦门市路桥信息工程有限公司与丹麦公路局在2003年共同开发的综合养护管理系统（GMMS）便是其中的一个典型例子。这个项目体现了国际合作在技术创新和基础设施管理方面的重要性，为厦门市的基础设施管理打开了国际化的视野。GMMS同时借鉴了我国的CBMS和丹麦的Danbro系统。

GMMS的核心目标是通过集成和分析交通基础设施的相关数据，为维护、监测和管理提供科学的决策依据。通过使用先进的信息技术，GMMS可以帮助决策者制定更加合理的维护计划和投资策略，提高交通基础设施的安全性和可靠性。

值得一提的是,自2003年推出以来,GMMS在国内外得到了广泛的应用,并得到了持续的升级和改进。它在提高交通基础设施管理水平、保障交通安全、促进经济社会发展方面发挥了重要作用。它的成功应用不仅提高了厦门市和其他地区的基础设施管理水平,而且成为国际合作在基础设施管理领域的一个典范。

综上所述,我国通过近40年的不断探索,逐步发展出了一整套交通基础设施运维综合管理业务系统体系,也代表了第三代桥梁运维系统的广泛应用。但目前桥梁运维管理系统普遍对多源异构数据的融合和处理能力比较差,在建设、养护、运营、维护等方面各成一套系统,缺少一个整合各个系统的协同调度系统。

1.4 交通基础设施运维信息化的新挑战

跨海集群工程地处海洋环境,它们面临着恶劣的自然条件,如高温、高湿和高盐度环境,这些因素不仅使得感知跨海集群工程的状态变得更加困难,而且对材料和结构的耐久性构成威胁,从而严重影响跨海集群工程的使用寿命。跨海集群工程运维是交通基础设施运维中所面临的最大挑战。

因此,跨海集群工程的全生命周期运行、维护和安全保障成为一项复杂的综合性课题。涉及跨海集群工程的全息立体感知、服役状态评估、交通安全管理、数据的互联融合以及智能运维管理等多个领域。随着信息化技术的发展,这些挑战也在不断演变,要求我们采取更为先进和综合的方法来应对。在这样的背景下,跨海集群工程运维信息化不仅是实现长期安全和效益的关键,也是交通基础设施领域面临的一项重大挑战。

在设施全息立体感知领域,相应的检测装备和技术集成程度低,难以为评估决策提供全面、准确的有效数据支撑。巡检装备复杂、设施可达性差,结构表面病害及水下环境信息感知效率低,末端执行器工作的稳定性和精准性急需提高。尽管国内外针对跨海集群设施典型结构表面病害开展了人工数据采集及无人机巡检研究,但由于感知数据标准复杂多样且无定位信息,难以用于智能化评估及分析决策。环境信息感知数据精准处理及多源测量数据融合后的自动化、精准化、可视化展示亦成为研究热点。感知设备集成应用水平及复杂感知信息解析识别技术水平较低,尚难以支撑全面的数字化评估,用于跨海集群设施全息立体感知的综合观测系统目前尚属空白。

在集群工程服役状态智能评估领域,当前国内外监测与评估系统主要针对单一结构设施和特定阶段,对于港珠澳大桥这种由桥梁、人工岛与沉管隧道等组成的超大跨海集群设施的系统性监测、全寿命评估及智能化运维则是一片崭新的领域。当前拥有自主知识产权的服役状态专业仿真模拟软件匮乏。新时代的智慧工程监测与智能管养,已不再以人工巡检、随机抽查以及限制荷载等方法为主,能够为大型工程的管养提供更快、更优质以及更智能的维养决策是设施管养的发展方向。多维度信息互动、多源数据协同互联、贯穿全生命周期的维养决策智联平台,可为管理和决策的友好实践提供保障。针对基础设施服役状态的智能仿真平台、装备智造深度融合贯穿跨海集群设施运维的全生命周期,将为重大基础设施以及土木工程科学技术的发展带来新的变革与机遇。

在智能运行与交通安全管控领域,尚缺乏基于人车路全息数据融合的预测预警技术,面向事故前兆、异常事件等的运行状态实时监测技术成为当前主要研究方向;在路产维养方面,管理系统信息化、集成化,以及路政巡查无人化技术仍有待突破;在应急处置方面,欧美与我国均建立了适合当地特点的应急处置信息系统,但是国内外在数字孪生情景构建、多人互动虚拟仿真演练、应急智能处置等方面尚需进一步研究;在信息服务方面,国内外虽已广泛建成交通信息发布系统,然而,跨境信息的融合协同和定制化精确发布技术仍需突破。

在基础设施数据互联融合领域,多源数据互联融合与可视化是实现港珠澳大桥智能化运维的基础。在房屋建筑、轨道交通等领域,建筑信息模型技术主要应用在设计和施工阶段,在运维阶段的应用内容零散、缺位较为严重。此外,由于多源数据结构与表达方式缺乏统一标准,难以直接支撑无人检测、虚拟现实(VR)模拟、三维可视化等技术的集成应用。因此,数据标准体系制定、数据链路协同、数据治理机制等成为基础设施数据互联融合的研究热点。国内已形成《智慧城市 数据融合》(GB/T 36625)等系列标准,可为港珠澳大桥运维业务数据互联融合提供借鉴。但是,如何将三维信息模型与业务及设备有机集成,并融合环境、设施、交通等方面因素,仍需要进一步研究。

在跨海集群工程智能运维管理领域,国内外现有信息化管理系统的运维数据大多来源于常规人工目测或便携式仪器测量,检测手段原始、数据利用效率低下。部分大型跨海集群工程,如青马大桥、杭州湾大桥,已开始利用跨海集群工程结构健康监测与电子化管养手段进行大量数据积累,但其数据价值尚未得到有效挖掘。在轨道交通领域,中国国家铁路集团有限公司以建设"数字铁路"为目标,使用三维信息模型构建大范围桥梁和隧道信息化运维系统,研发并应用了综合检测设备。随着设施状态感知手段愈发丰富,数据体量急速膨胀,如何通过构建基于大数据技术的智联管理平台,最大化地发挥数据价值,调度运维资源、预测养护需求,实现运维业务协同联动,提高管理效率,是未来发展趋势。

综上所述,国内外交通基础设施的运维以传感设备和静态仿真模型构成的监测与评估预警系统、人工巡检方式和人工操控的运维装备、人力识别和决策的运营管理与应急处置以及人工调度协同机制等为主,无法满足超大规模跨海集群交通基础设施的运维需求。随着大数据、云计算等技术的发展,交通基础设施的运维也逐步向智能化、集成化过渡,通过大数据、无人检测、深度学习等技术手段来保障结构安全、延长使用寿命、提升运行效率。要实现智能化运维,亟须以人工智能技术为支撑,研发无人化运维装备,并以三维可视模型为载体,融合地理、环境、交通、材料、结构及运行业务等多维信息,建立孪生"数字大桥",实现对大桥物理结构与运行状态的映射,从而实现港珠澳大桥运行智联管理。

1.5 应对挑战:平台化、智能化、集成化

要有效应对这些新挑战,必须积极推行平台化、智能化、集成化的运维模式,以实现跨海集群工程运维的科学化、精细化和高效化。

1.5.1 平台化:构建一体化运维管理平台

构建一体化运维管理平台是解决数据分散、标准不一、应用割裂等问题的核心途径。首先,应建立健全数据接入与管理体系,制定并推广统一的数据标准和接口规范,确保各类运维数据的标准化、规范化接入。同时,引入先进的数据治

理理念与工具,提升数据质量,确保数据的完整、准确、及时。其次,搭建跨海集群工程运维云平台,实现数据的集中存储、管理和分析。云平台应具备强大的数据处理能力,支持海量数据的实时处理与深度挖掘,为维养决策提供可靠依据。此外,云平台还应具备开放接口,方便与其他系统(如交通监控、应急指挥等)实现数据共享与联动。最后,开发用户友好的业务信息系统,实现运维任务分配、进度跟踪、资源调度、绩效考核等全流程的线上化、透明化管理。通过移动终端应用,实现现场人员与后台系统的实时交互,提升运维作业效率。智联平台集成化驾驶舱效果如图1-1所示。

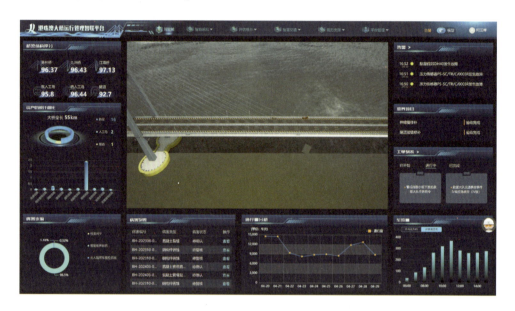

图1-1　智联平台集成化驾驶舱效果图

1.5.2　智能化:运用人工智能技术提升运维效能

智能化是提升跨海集群工程运维精准度与效率的重要手段。在全息立体感知方面,利用人工智能图像识别、机器学习等技术,对无人机巡检、传感器监测等多源数据进行深度分析,自动识别结构病害、环境变化等关键信息,实现状态的精准感知与预警。在服役状态智能评估方面,构建基于大数据和人工智能的跨海集群工程健康诊断模型,结合历史数据、环境因素、结构特性等多元信息,进行跨海集群工程服役状态的动态评估与剩余寿命预测,为维养决策提供科学依据。同时,利用AI优化算法,优化运维计划,实现预防性、预测性运维。在智能运行与交通安全管控方面,运用 AI 算法进行交通流量预测、风险评估、应急调度等,提升交通运行效率与安全性。同时,开发智能巡检机器人、自动化检测设备等,替代或辅助人工进行高风险、高强度的运维作业。

1.5.3 集成化:实现跨系统、跨领域的深度协同

集成化旨在打破信息孤岛,实现跨系统、跨领域的深度协同。在数据互联融合方面,通过标准化接口与协议,实现跨海集群工程运维数据与设计、施工、监管、气象、地质等多源数据的深度融合,形成跨海集群工程全生命周期的"数字孪生",为维养决策提供全景视图。在业务流程集成方面,推动运维管理与规划设计、施工建设、运营监管等环节的紧密衔接,实现全链条的信息共享与协同。例如,将运维需求反馈至设计改进,将运维经验融入施工质量控制,将运维效果纳入运营评价。在跨界合作集成方面,加强与高校、科研机构、设备厂商、信息技术企业的深度合作,共同开展关键技术攻关、标准制定、人才培养等工作,推动行业整体技术水平提升。

1.6 本章小结

本章主要介绍智联平台的研究背景,讨论了跨海集群工程运维的业务背景以及信息化的内涵;之后,讨论了国际和国内在交通基础设施运维信息化建设的沿革,并从中梳理出发展的脉络;最后,结合当前信息化的最新发展提出了交通基础设施运维信息化建设的挑战,以及面对新挑战的应对措施,得出了智联平台的核心任务,即平台化、智能化、集成化,这三个要素也是本书具体内容的业务场景和基础需求。

本章参考文献

[1] 景强,郑顺潮,梁鹏,等. 港珠澳大桥智能化运维技术与工程实践[J]. 中国公路学报,2023,36(6):143-156.

[2] 陶飞,张辰源,刘蔚然,等.数字工程及十个领域应用展望[J].机械工程学报,2023,59(13):193-215.

[3] 尹海卿.港珠澳大桥岛隧工程设计施工关键技术[J].隧道建设,2014,34(1):60-66.

[4] 张劲文,朱永灵.港珠澳大桥主体工程建设项目管理规划[J].公路,2012,57(3):143-147.

[5] 吴志才,陈蕾.港珠澳大桥兴建对大珠三角经济圈的影响[J].南方经济,2004(1):36-38.

[6] 江宇,刘小丽.港珠澳大桥建设对泛珠三角发展的社会经济影响[J].中国国情国力,2007(4):62-64.

[7] 孟凡超,刘明虎,吴伟胜,等.港珠澳大桥设计理念及桥梁创新技术[J].中国工程科学,2015,17(1):27-35.

[8] THOMPSON P D, SMALL E P, JOHNSON M, et al. The pontis bridge management system[J]. Structural Engineering International, 1998, 8(4): 303-308.

[9] GOLABI K, SHEPARD R. Pontis: a system for maintenance optimization and improvement of US bridge networks[J]. Interfaces, 1997, 27(1): 71-88.

[10] HENRIKSEN A. Bridge management—routine maintenance: recent experience with the routine management module in the DANBRO bridge management system[C]// Proceedings of the 8th International Bridge Management Conference. 1999: 1-13.

[11] HABEENZU H, MCGETRICK P J, HESTER D, et al. Bridge management systems-a review of the state of the art and recommendations for future practice[J]. Bridge Maintenance, Safety, Management, Life-Cycle Sustainability and Innovations, 2021: 926-933.

[12] TYVONIUK V, TRACH R, WIERZBICKI T. Bridge management systems: an overview and comparison[J]. Acta Sci. Pol. Architectura, 2024, 23:112-120.

[13] WAN C F, ZHOU Z W, LI S Y, et al. Development of a bridge management system based on the building information modeling technology[J]. Sustainability, 2019, 11(17): 1-17.

CHAPTER 2 第 2 章

数字港珠澳大桥智联平台的构建

本章以全局的视角对第 1 章提出的跨海集群工程运维信息化的挑战提出相应的解决思路,构建一套完整的解决方案。

站在全局视角,数字港珠澳大桥是对跨海集群工程运维信息化的具体化,包括了对现有业务烟囱进行业务重整,并在此基础上进行业务融合;同时为现有业务烟囱提供一个整合的交互界面,并不断叠加各种业务数据和业务操作。从技术解决方案角度来看,构建港珠澳大桥运行管理智联平台是具体的实施方案,这套解决方案可以解决当前跨海集群工程运维信息化系统构建所带来的不足:首先是打破数据孤岛,以高效、一致、标准化的思路构建一个全域的平台化数据解决方案;其次是打破业务烟囱,增强各个不同业务领域的专业化系统的互联互通,从底层架构的角度构建一个可管理可监控的运行环境;再次是能够为最终用户提供统一高效的交互和展示,并且交互和展示是开放式的、面向未来的,可以随着业务的不断丰富不断叠加。最后,安全防护也是始终需要关注的问题。

2.1　智联平台需要解决的问题

根据在本章中梳理的思路与对未来挑战的评估,不难发现,当前的跨海集群工程运维信息化系统面对的所有挑战都来源于随着业务本身的复杂性和拓展性带来的多业务系统协同的问题。

在多业务系统的复杂环境中,系统集成是核心问题。系统集成的缺位会导致一系列的问题:首先,多业务系统所导致的数据孤岛和业务烟囱是任何平台化过程需要解决的最基本的问题;此外,多业务系统给业务部门带来的交互和展示困难,以及由此产生的效率降低也是需要解决的一个重要问题;最后,多业务系统复杂环境所带来的技术架构的不一致会造成严重的安全隐患,安全性问题也是系统集成需要解决的问题。

1) 数据孤岛问题

各个专业业务系统分别建设,独立解决某一个业务领域的专业问题,并由本领域专家指导的研发团队进行独立开发必然会导致数据孤岛。数据孤岛是多业务系统解决综合性问题所面临的最大问题,也正是智联平台所需要解决的核心问题。所谓数据孤岛是指在一个组织内部,不同系统之间的数据相互隔离,无法实现有效的交流和整合。这通常是由于系统单独开发、缺乏统一规划、数据组织分散、数据管理技术平台的不一致或数据管理策略的差异所导致,数据孤岛问题的成因如图 2-1 所示。这种现象在港珠澳大桥运维这种大型且历时长的系统构建中更为显著。

图 2-1　数据孤岛问题的成因

数据孤岛的存在带来了一系列问题。首先,它导致信息在组织内部难以流通,不同部门往往重复收集相同的数据,而这些数据在组织中又不能实现共享,造成了资源的浪费和效率的降低。其次,由于缺乏全局视角的数据整合,决策者无法获得全面的信息支持,这可能导致基于片面或过时信息的决策,影响组织的战略规划和竞争力。再次,数据孤岛增加了数据维护的复杂性和成本,不同系统间数据标准和格式的不一致使得数据整合变得困难,增加了管理的难度和风险。最后,数据孤岛对数据安全性也有显著影响,数据孤岛可能会导致数据管理的盲区。不同系统可能采用不同的数据管理措施,这种不一致性在系统运行了较长的一段时间后可能会变得无序和缺乏管理,使得数据安全的风险随着系统运行时间的变长而显著增加。同时,分散的数据管理也使得对数据访问和使用的监控更加困难。总体来说,数据孤岛是一个由系统建设带来的问题,多方面影响组织运作效率和决策质量,解决这一问题需要对数据进行整合,打破数据孤岛,以实现数据的有效整合和综合利用。

2)业务烟囱问题

多业务系统的复杂环境中的业务烟囱问题是指在一个拥有多个业务领域或部门的组织中,各业务系统从概念提出到设计研发,再到管理运维都是部门内部独立运作,彼此之间缺乏有效的互联互通,形成了所谓业务系统间的"业务烟囱",业务烟囱问题的成因如图 2-2 所示。这种现象通常发生在大型组织机构中,尤其是那些严格按照业务范围划分部门的组织机构中。

图 2-2　业务烟囱问题的成因

业务烟囱的主要问题在于它们导致了信息和资源的孤立。由于各业务系统之间的协作不足,每个业务系统在构建和研发时往往只关注自身部门的关键性需求,而多个业务系统达到设计目标的同时却没有达到整个组织机构的最佳利益点。这种局限性导致业务系统之间的信息流无法协调、综合,阻碍了数据和业务在更高维度上的综合应用。例如在港珠澳大桥这种大型跨海交通基础设施的日常运维管理中,一个交通事故的处理是交通管控系统的责任,但是如果涉及人员受伤则要求应急系统能够协同工作,共同处理,同时后台的机电系统需要控制交通指示牌和指示灯的一系列复杂处理,如果这个事故还涉及跨海集群工程本身部件的损坏则需要资产管理、保修甚至定损等多个系统的协同工作。这时业务烟囱就会导致整体决策的低效,各部门基于自身构建的业务系统工作,则会出现协同和调度的困难。同时业务烟囱也会造成在业务系统构建时的某种资源浪费,比如可能重复采购相同的服务或技术,或者在没有充分利用现有资源的情况下进行投资。综上所述,业务烟囱在多业务系统的复杂环境中造成了信息隔离、资源浪费和决策低效等一系列问题。

3）单一交互问题

单一交互理论上是业务烟囱带来的一个延伸问题,但由于交互问题是直接面向最终用户使用的,所以我们这里把它单独列为一类智联平台需要解决的问题。当多个业务系统在一个组织内独立研发,这种情况常常导致所谓的单一交互问题,这表示最终用户必须分别与这些系统进行交互,由于各系统之间缺乏有效的前端展示整合和协调,它们往往有着不同的界面、操作逻辑以及数据管理方式,甚至会出现展示逻辑的不一致和数据的不一致,单一交互问题的成因如图2-3所示。

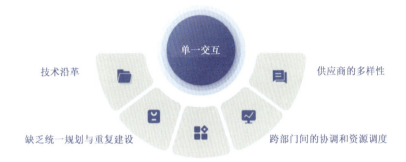

图2-3　单一交互问题的成因

用户在与这些分散的系统交互时,需要适应不同的用户界面和操作流程。这不仅增加了学习和使用的难度,也大大降低了工作效率。由于数据在这些系统之间并不共享,用户可能无法获得一个全面和连续的业务视图。另外,单一交互还可能导致用户支持和维护的问题。由于系统间的隔离,当用户遇到跨系统的问题时,可能难以找到一个统一的支持点。用户可能需要与多个部门或支持团队联系,以解决涉及多个系统的问题,这种分散的支持结构使得问题解决过程缓慢且效率低下。总之,单一交互在多个业务系统独立研发的环境中为最终用户带来了诸多挑战,包括操作上的不便、数据一致性问题以及复杂的用户支持需求。这些问题不仅影响了用户体验,也影响了整个组织的运作效率和服务质量。

4）安全问题

在多业务系统的环境中,存在一系列系统安全性问题。由于各个业务系统独立运作,且在安全策略、技术实施和监管方面缺乏一致性和协调,这种分散的架构为组织的整体安全带来了复杂的挑战,安全问题的成因如图2-4所示。

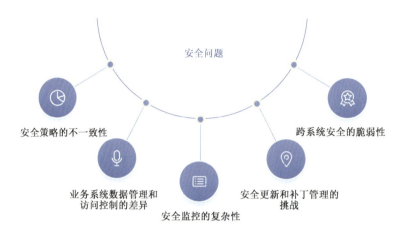

图 2-4　安全问题的成因

这一类安全问题可以总结为由于各业务系统可能采用不同的安全标准、安全协议、访问权限,这种不统一的安全实践可能产生安全漏洞。例如,由于缺乏统一的数据管理和访问控制策略,某个系统可能采用了最新的安全技术,安全管理和访问权限水平也比较高,而另一个系统则可能采取了过时的安全措施,导致用户可以通过较低的权限访问一些在前者系统中保密等级较高的数据。这种差异使得整个组织的安全防护呈现不均衡的状态,攻击者可能利用这些差异中的弱点入侵组织的网络。多系统的复杂环境也让安全监控变得困难,监控和响应系统安全事件时,安全团队可能需要分别处理每个系统的日志和警报,这不仅增加了工作负担,也可能导致对重要安全事件的延迟响应或漏检。业务系统的多样性也给安全更新和补丁管理带来了问题,不同系统可能需要不同的安全更新策略和程序,这不仅增加了维护的复杂性,也可能导致某些系统在安全更新方面落后,从而增加了整个组织的安全风险。总之,业务烟囱在多业务系统环境中带来的系统安全性问题主要体现在安全实践的不一致性、跨系统安全监控的困难、数据安全风险的增加,以及安全更新管理的复杂性。

2.2　智联平台的构建目标

智联平台是为了满足港珠澳大桥在运行、养护、安全和服务等方面的需求而设计的。它的目标是实现一座"物理大桥"与一座"数字大桥"孪生的顶层设计,将大桥的物理结构与数字技术相融合，达到高度的数字孪生融合，从而为各个业务系统构建一个统一但又开放的运行环境。使得多个业务系统可以互相融合，齐心合力，达到一加一大于二的目的。

智联平台具体目标是整合桥、岛、隧的运维、应急响应、评估、数据管理和安全防护等多个业务系统。这些业务系统业务领域不同，所以无论是应用、计算、数据等多个角度都有着截然不同的鲜明特点。智联平台需要同时具备智能化、可视化、平台化的能力，充分支撑业务系统。

那么，为了在智联平台设计层面体现对业务系统的充分支撑，我们就需要首先明确"充分支撑"这四个字的含义。智联平台顾名思义是一个平台化的支撑，在平台化的基础上兼具智能化、可视化、高性能、可扩展等诸多要素，核心功能就是集成各个业务系统，所以基于前述的分析，我们将充分支撑定义为"数据全落地，业务齐协同，统一多展示"。同时，基于智联平台整体集成的内涵，通过智能化、可视化等诸多技术手段使得数字大桥变得"可见、可听、可想、可控"，从而实现"充分支撑"的设计要求。

1）"数据全落地"解决数据孤岛问题

"数据全落地"表示智联平台要实现数据标准化，并在标准化的基础上实现数据的全生命周期统一管理，这是针对解决数据孤岛问题的核心。

首先，数据标准化是解决数据孤岛的基础。在多个系统或部门中，数据往往以不同的格式和标准存在，这直接导致了数据之间的不兼容性。通过实施数据标准化，即统一数据的格式、编码、结构和语义，不同系统中的数据可以更容易地进行交换和整合。标准化不仅提高了数据的质量和可用性，也为不同业务系统之间的数据整合打下了基础。

其次，数据统一接入和统一管理是实现数据整合和最大化数据价值的关键。通过建立统一的数据接入平台，可以将不同来源的数据集中起来，实现数据的集中管理和处理。这不仅促进了数据的共享和再利用，还有助于提高数据处理的效率和效果。同时，统一的数据管理还意味着对数据访问、安全和质量控制有更加统一和有效的策略，这对于维护数据的完整性和安全性至关重要。

再次，数据统一接入和统一管理还有助于提升数据的分析和挖掘能力。在统一的数据环境中,可以更容易地应用数据分析工具和算法,从而发掘数据的深层价值,为组织的决策提供更加全面和准确的信息支持。

最后,数据的标准化落地与统一管理是解决数据孤岛问题的核心策略。通过实施这些策略,可以有效促进组织内部数据的整合和共享,提高数据的使用效率和价值,从而支撑起组织数据驱动决策的基础,如图2-5所示。在数字化和信息化日益加深的今天,这种对数据的深入管理和高效利用对于任何组织来说都是至关重要的。

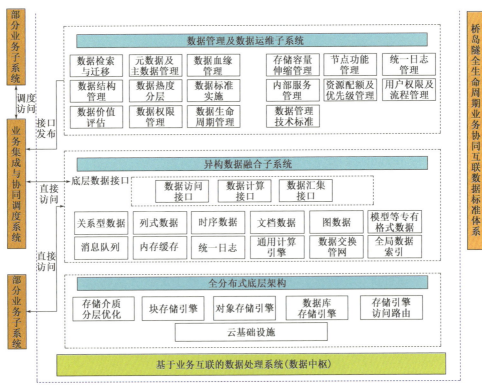

图2-5　数据落地与数据继承构建框架

2)"业务齐协同"解决业务烟囱问题

"业务齐协同"指的是智联平台要实现业务系统之间的协同调度与互联互通,这是解决业务烟囱问题的核心。业务烟囱,即在组织中不同业务系统独立运作且缺乏有效协作的现象,常导致信息孤立、资源浪费和决策效率低下。要打破这种局限,关键在于建立系统间的协同机制和确保信息与资源的流动性,如图2-6所示。

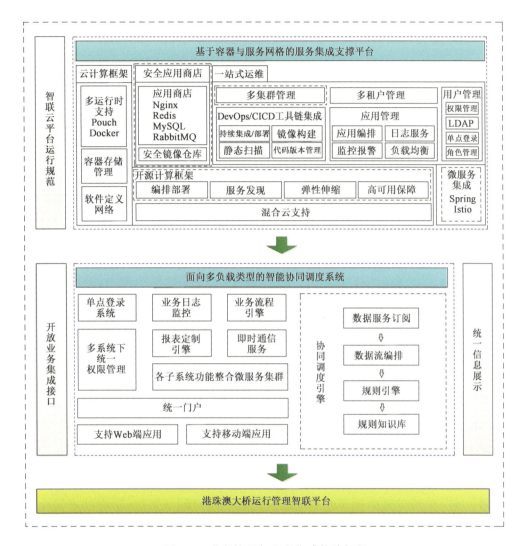

图 2-6　业务协同与业务集成构建框架

首先,业务系统的协同调度意味着不同系统之间能够有效协作,共同完成业务流程。这要求组织在不同业务系统之间建立通信和协作机制,例如通过中间件、API(应用程序编程接口)集成或微服务架构。这种协同调度不仅提高了工作效率,还能确保业务流程的连续性和一致性,从而提升整体服务质量。

其次,互联互通是实现系统间无缝协作的关键。它涉及数据和应用程序层面的整合,使得不同系统可以共享数据、功能和业务逻辑。在互联互通的环境中,用户可以跨系统访问所需信息和服务,而无须重复登录不同系统或重复输入数据。这不仅减少了用户的工作负担,也极大地提升了数据的实时性和准确性。

再次,业务系统的协同调度与互联互通还有助于提高组织对市场变化的响应速度和灵活性。当各个系统能够快速相互配合时,组织能更快地调整业务流程,以应对市场和环境的变化。这种敏捷性是现代业务部门发展的关键。

最后,通过促进业务系统间的协同调度与互联互通,还可以优化资源配置,避免重复投资和浪费,实现成本效益的最大化。集中管理和运维也有助于降低整体的系统维护成本和复杂性。

综上所述,业务系统的协同调度与互联互通是解决业务烟囱问题的核心。通过这些方式,不仅可以提高工作效率和服务质量,还能提升组织的市场适应性和成本效率,为组织的长期发展提供支撑。

3)"统一多展示"解决单一交互问题

多业务系统复杂环境的特点是拥有多个不同的业务系统,每个系统都可能有自己独特的界面和交互方式,这种多样性虽然体现了各个系统的特点,但却可能导致用户体验的不一致性和复杂性。提升最终用户的展示与交互体验的核心策略是实现统一展示。

统一展示是指在用户界面(UI)和用户体验(UX)的设计上实现一致性,包括视觉元素、布局、颜色方案、字体和图标的使用等。这种统一性使用户在切换不同系统时能感受到一致的界面风格和操作习惯,减少了学习成本,提高了使用效率。统一的视觉风格和界面布局不仅提高了用户的舒适度,还有助于强化品牌形象,提升用户的整体满意度。更深层次上,统一展示是指在不同系统之间提供一致的交互逻辑和操作方式。这包括统一的导航结构、相似的操作流程和一致的反馈机制,用户可以减少在不同系统间切换时的认知负担,从而更加高效地完成任务。例如,如果所有系统都采用相同的登录机制和菜单布局,用户就可以更容易、快捷地找到所需的功能和信息。

统一展示的实施,通常需要一套共享的 UI/UX 设计准则和交互标准。这不仅是一个技术问题,更是一个管理和协调问题。组织需要确保不同的开发团队遵循这些共享的准则,协同工作以创造一致的用户体验。

此外,实现统一展示还需要强大的后端支持,例如数据的统一管理和服务的集成。这样,不同的前端应用就可以在后端获取一致的数据和服务,进一步保证用户体验的一致性。

总之,统一展示是解决多业务系统复杂环境中最终用户展示与交互体验的核心。通过实现这两点,可以大幅提升用户的使用舒适度和工作效率,同时也能节省培训成本并提升整体的运营效率,如图 2-7 所示。

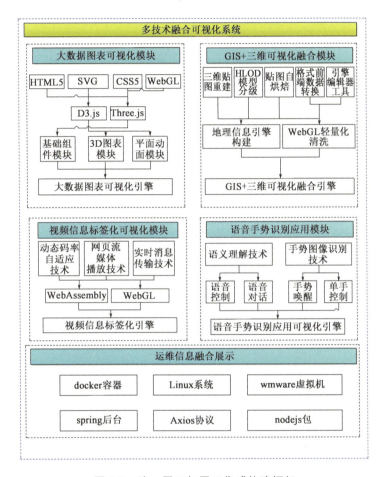

图 2-7　统一展示与展示集成构建框架

4)"可见、可听、可想、可控"

在业务系统打破数据孤岛、业务烟囱、单一交互问题,实现"数据全落地,业务齐协同,统一多展示"的集成目标的基础上,智联平台还需要解决一系列技术问题,从而引入智能化、可视化、高性能、可扩展等诸多扩展要素,进一步提升多业务系统的整体水平。智联平台的构建目标如图 2-8 所示。

首先,智联平台通过数字化技术和传感器网络,实现了跨海集群工程的可见化。通过安装在跨海集群工程上的传感器,可以实时监测跨海集群工程的结构状况、荷载情况、温度、湿度等各种关键参数。这些数据被收集并传输到智联平台,通过可视化界面呈现给相关人员,使他们能够直观地了解跨海集群工程的实时状态。

其次,智联平台实现了跨海集群工程的可听化。通过智能传感器和声音识别技术,可以实时监测跨海集群工程的声音信号,例如车辆行驶声、结构振动声等。这些声音数据被分析和处理,可以帮助检测跨海集群工程的异常情况,如疲劳裂缝、异响等,以便及时采取维修措施,确保跨海集群工程的安全性。

再次,智联平台还实现了跨海集群工程的可想化。通过人工智能和大数据分析,智联平台可以对跨海集群工程的历史数据、结构模型和环境因素进行深入研究和预测分析。这使得相关人员可以进行跨海集群工程的结构优化、维护计划制定等工作,以提高跨海集群工程的性能和可靠性。

最后,智联平台实现了跨海集群工程的可控化。通过集成控制系统和远程监控技术,智联平台可以实现对跨海集群工程的远程监控和控制。运维人员可以通过智能终端设备监控跨海集群工程的运行状态、控制设备的操作,并能够及时响应和处理异常情况,保证跨海集群工程的安全运行。

智联平台的实施将大大提高跨海集群工程的管理和运维水平。通过数字化技术和数据管理的支持,跨海集群工程的运行、养护、安全和服务等方面将更加高效和可靠,如图2-8所示。这不仅有助于延长使用寿命,减少维修成本,还可以提升整个交通网络的运行效率和安全性。智联平台的发展将推动数字化跨海集群工程建设在未来的应用,并为其他领域的基础设施建设提供借鉴和启示。

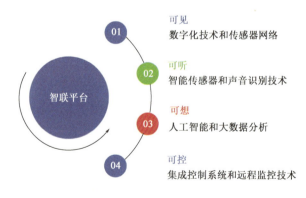

图2-8 智联平台的构建目标

2.3 智联平台的构建与技术路线

智联平台系统架构决定了跨海集群工程运维信息化整体方案的技术底座，同时根据这个底座，通过插入各种业务系统形成最终的整体解决方案。

智联平台架构的构建思路是一个从概念到思路再到具体化的过程。智联平台架构由感知层、数据层、支撑层、业务层和展示层五个层次构成，在整个层次结构中，数据标准的应用需要贯穿始终。在感知层，需要确保数据采集的准确性和一致性；在数据层，需要统一的数据管理系统来实现数据的治理和应用；在支撑层，需要对算法和能力的输入和输出进行标准化；在业务层，需要统一的接口和协议来实现业务的集成和调度；在展示层，需要统一的数据展示格式和界面设计。通过数据标准的应用，可以实现不同层次之间的数据交互和集成功能的协同工作。智联平台架构如图 2-9 所示。

首先是感知层。感知层是智联平台系统架构的底层，主要负责对各类数据的采集，包括结构健康监测数据、集成监控系统数据、无人装备数据、人工巡检数据、5G+北斗数据和大桥数字化模型等。感知层通过各种传感器、监测设备和数据采集系统来实时获取跨海集群工程的物理参数、结构状态、环境条件等信息。这些数据的准确性和实时性对于智联平台的功能和性能至关重要。感知层的设计和实现需要考虑数据采集的可靠性、精确性和实时性。为了实现这一目标，可以采用多种传感器和监测设备，如应变计、加速度计、位移传感器、温湿度传感器等。这些设备将通过物联网技术和无线通信技术与智联平台相连接，实现数据的实时传输和共享。

其次是数据层。数据层是智联平台系统架构的核心层，负责存储和管理各类数据。在数据层中，需要针对各类数据包括实时数据、历史数据、动态数据、静态数据、在线数据和离线数据等，选择合适的存储方式。数据层还需要构建统一的数据管理系统，实现对数据的治理和数据服务的应用。数据层的设计和实现需要考虑数据的可扩展性、安全性和高效性。为了实现这一目标，可以采用分布式数据库、数据仓库、数据湖等技术，以应对大量数据的存储和处理需求。同时，数据层还需要实现数据的清洗、转换、聚合和分析等功能，以提供高质量的数据服务和决策支持。

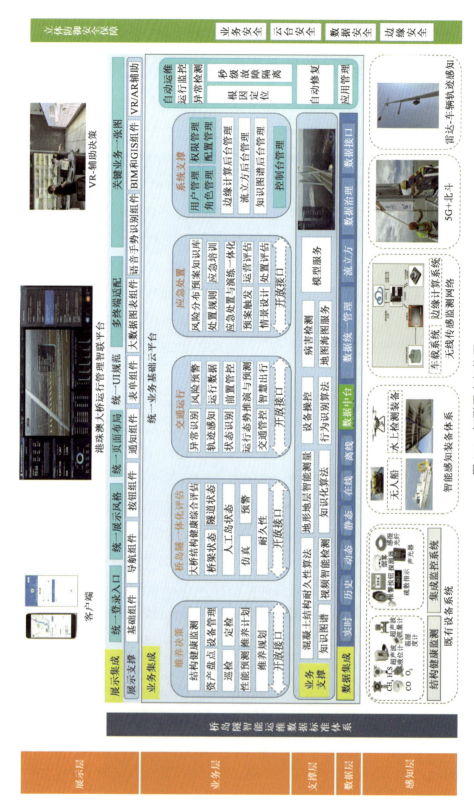

图2-9 智联平台架构图

数据层与业务层之间是支撑层,用于对数据层进行抽象,并向业务层提供必要的支撑。支撑层采用中间件技术,是智联平台系统架构的重要组成部分,主要提供对业务系统的支持。支撑层包括各类算法和通用的能力,例如混凝土结构耐久性算法、知识图谱、视频智能检测、知识化算法、行为识别算法、地形地层智能测量、病害检测、模型服务、系统日志等。这些算法和能力为智联平台的业务提供了技术支持和基础设施。支撑层的设计和实现需要充分考虑不同业务场景和需求。可以采用机器学习、深度学习、图像处理、自然语言处理等先进技术,来实现对跨海集群工程结构、病害、环境等的智能分析和识别。此外,支撑层还需要构建统一的算法模型和服务平台,以便业务层能够方便地调用和使用。

业务层是真实体现现实的运维业务数字化的层次,是智联平台系统架构的核心层,通过构建统一业务集成云平台,可以实现对业务系统的管理、统一的调度和智能化运维。在业务层中,各个业务模块通过接口和协议进行交互,实现业务流程的协同和集成。业务层包括两个主要的部分,一是通过云计算、容器化、微服务等设计概念为各个业务系统提供一致的标准化的运行环境,二是基于规则编排的统一消息网关来实现各个业务系统的业务互联,从而帮助整个业务系统体系实现深度的业务整合。业务层的设计和实现需要考虑业务的复杂性、灵活性和可扩展性。可以采用面向服务的架构(SOA)、微服务架构等技术,将复杂的业务分解为独立的业务模块,并通过接口和消息队列进行通信。此外,业务层还需要实现业务流程的设计和管理,以确保业务的顺利运行和协同工作。

最上面一层是直接与参与用户交互的展示层。展示层是智联平台系统架构的上层,负责构建统一的展示页面,实现在手机、Pad、大屏、PC等设备上的统一展示。展示层的设计和实现需要考虑用户体验、界面设计和交互性。展示层的设计和实现可以采用响应式设计、可视化技术、用户界面框架等,以实现灵活、直观、友好的用户界面。展示层还需要支持数据可视化和多终端适配,以满足不同用户的需求和设备的特性。

2.4 智联平台的技术挑战与应对

在构建智联平台的过程中,我们基于上述系统架构进行开发工作,但是有几个核心技术挑战,这些技术挑战是在面向港珠澳大桥这种超大规模体量的交通基础设施和复杂的业务场景中需要突破的技术壁垒,需要用创新性的思路攻克技术难题。

首先是解决数据孤岛,构建数据中枢,实现数据集成的过程中需要多源异构数据管理与智能化处理技术。这个挑战聚焦于开发跨源数据管理技术,基于统一元数据模型来构建单体化的多源异构数据生态系统。这包括突破数据标准的技术壁垒,实现业务数据的集成和集中管控。此外,还需开发去中心化的全分布式框架和高性能的数据计算编排引擎,特别是针对海量视频数据的智能处理需求,开发低功耗的视频处理集群硬件和技术。

其次是解决业务烟囱,构建容器云运行与管理环境,实现业务集成中需要的异构服务协同调度与业务故障自愈的智能化运维技术。这个挑战涉及开发能够支持多负载类型的异构服务协同调度系统,利用基于容器的技术来实现。这需要创新性地整合非侵入式业务运行感知分析、服务治理模型以及云原生服务故障隔离技术,以构建高效的一体化运维和业务故障自愈体系。同时,要研发基于规则编排的技术,实现复杂异构系统的互联互通,以支撑智能运维的多业务融合。

再次是解决单一交互,构建三维模型业务叠加,实现展示集成中需要的超大规模三维信息模型处理与数字孪生技术。这个技术挑战关注于开发能够处理超大规模三维信息模型的后台渲染技术和动态多层次细节加载技术,减少对终端设备算力和网络带宽的要求,实现移动设备的即时展现能力。同时,需要研发基于动静态数据融合的数字孪生业务引擎,支持交通运行、机电设施、病害检测等多维数据的实时叠加,以及在沉浸式 VR 环境中的交互式虚拟辅助决策能力。

最后是复杂异构网络环境下的综合性安全防御技术,它针对复杂异构网络应用场景的立体纵深一体化安全防御体系。这包括开发基于二进制文件安全分级的主机安全防御技术、基于高性能设备指纹的用户行为检测技术,以及结合容器及应用安全防御技术的综合安全策略。

每个挑战都要求在其领域内实现技术创新和高效的解决方案,以应对当下和未来的复杂应用需求。因此,智联平台在深入分析需求的基础上形成了一系列技术创新,以此应对技术挑战,如表 2-1 所示。

智联平台关键性创新技术表　　　　　　　　　　表 2-1

编号	关键技术	工程化落地	创新点	实现目标	解决的挑战性问题
1	资源名字系统（RNS）的去中心化全分布式底层框架	智联平台数据中枢系统	基于统一元数据模型的跨源数据管理和高性能多源异构数据计算编排引擎等关键技术	解决了桥岛隧集群工程多源业务复杂数据组织难题，实现了港珠澳大桥智能化运维全业务动态数据集成落地和集中管控	解决数据孤岛问题
2	容器化数字大桥智联平台技术架构	智联平台协同调度系统	构建了基于群体智能的多负载异构服务协同调度模型	提升了业务互联与自动化水平，实现了港珠澳大桥智能运维的多业务融合	解决业务烟囱问题
3	桥岛隧集群工程超大规模三维信息模型实时渲染及分段动态多层次细节加载技术	智联平台数字孪生系统	构建了空天地海立体化静动态实时数据融合模型	实现了多业务多维度动态数据与桥岛隧一体化数据模型的实时叠加，为建设动静结合的数字港珠澳大桥奠定了重要基础	解决单一交互问题

2.5　本章小结

本章从总体和全局的角度讨论智联平台的架构，这里的智联平台不仅包括平台化底座本身，也包括集成了所有业务系统的完整系统，即大智联平台。本章详细阐述了智联平台为满足业务场景和跨海集群工程运维需求需要突破的具体技术问题。接下来以经典的平台化理论和最佳实践为基础,形成了智联平台建设的构建目标。在此目标的基础上提出了智联平台的总体架构与技术路线,以及为完成智联平台建设所需要突破的关键技术点。在此总体架构的基础上,接下来的几章分别从数据层、业务层、展示层和安全的角度分别介绍智联平台搭建的技术架构。值得一提的是,这些关键技术点也成为智联平台构建的亮点和成果。

本章参考文献

[1] LIU C, CAI Z G, WANG B S, et al. A protocol-independent container network observability analysis system based on eBPF[C]//2020 IEEE 26th International Conference on Parallel and Distributed Systems (ICPADS). New York: IEEE, 2020: 697-702.

[2] LI W, HAN Z Y, SHEN J, et al. Distributed AI embedded cluster for real-time video analysis systems with edge computing[C]//MATEC Web of Conferences. EDP Sciences, 2022, 355: 03036.

[3] HAN Z Y, SHEN J, LUO D, et al. The optimization of The distributed AI embedded cluster system[C]//Journal of Physics: Conference Series. IOP Publishing, 2022, 2195(1): 012010.

[4] ZHONG J J, LI J W, JIN H Y. Design and implementation of 3D visual system based on cloud rendering[C]//Proceedings of the 2022 6th International Conference on Electronic Information Technology and Computer Engineering. New York: ACM, 2022: 723-726.

[5] ZHONG J J, SHEN W, HUANG J H, et al. 3D visualization of track route in non-GIS platform[C]//International Conference on Internet of Things and Machine Learning (IoTML 2021). SPIE, 2022, 12174: 100-105.

[6] LI J W, JIAN X Y, XIE J, et al. Massive multi-source heterogeneous data platform with EB-level expansion[C]//Proceedings of the 2023 International Conference on Artificial Intelligence, Systems and Network Security. New York:

ACM,2023:194-200.

[7] 周泓岑,白恒,才振功,等.基于LSTM和GRNN的容器配额优化算法[J].电子学报,2022,50(2):366-373.

[8] 蔡亮,周泓岑,白恒,等.基于多层BiLSTM和改进粒子群算法的应用负载预测方法[J].浙江大学学报(工学版),2020,54(12):2414-2422.

[9] 徐涛,杨晓光,徐爱功,等.面向城市道路交通状态估计的数据融合研究[J].计算机工程与应用,2011,47(7):218-221.

[10] 王智,尹长林,许文强.智慧城市背景下数据中台的研究与设计[J].网络安全和信息化,2021,7:29-35.

CHAPTER 3 | 第 3 章

海量多源异构数据中枢建设

本章基于智联平台的基础架构介绍了数据中枢的构建和关键技术。数据是任何一个平台化系统的基座,智联平台正是通过构建一个标准+技术+实施的交通基础设施数据解决方案来实现数字化、智能化、集成化的核心目标。

本章首先介绍智联平台数据中枢的目标和基础方案;然后分别从数据建模与数据管理、数据处理流水线、存储与计算三个部分,介绍智联平台数据中枢的三个主要部分及其实现和特点;最后介绍数据中枢的实施,也就是数据综合治理,力求呈现包含数据标准与数据建模、全生命周期处理与存储、数据治理实施的智联平台数据中枢全貌。

3.1 海量多源异构数据管理

3.1.1 智联平台数据中枢的需求与挑战

交通基础设施在建设与运维过程中,各种传感器、机电设备、检测装备、视频监控以及各类业务系统时刻产生大量数据,并在交通基础设施全生命周期中不断积累。智联平台融合大规模的物理感知、虚拟模型和多场景业务,提高不同业务系统之间的数据信息共享以及智能协同能力,由此带来了大规模的数据多样性、复杂性,对海量多源异构数据的长期存储管理、快速获取、高效计算和交换流通提出了更高的要求。

建设符合数字港珠澳大桥业务特征的一体化海量多源异构数据管理平台,涉及多单位合作、数据调研、数据理解、关联分析、存储引擎集成与融合建设、数据标准实施、数据集成、数据统一访问建设、数据管理终端建设、计算引擎集成、数据交换管网建设、数据运维等大量工程性工作,存在众多挑战,其中最重要的挑战包括以下三个方面:

(1)多源异构数据难打通

大量业务系统会产生类型、结构、表达形式、精度、频率、质量、价值、生命周期各不相同的多模态数据,且各业务系统的数据相互依赖,亟待基于统一标准实施治理,实现数据互联互通及融合应用。通过建立统一数据标准,打通数据之间的流通、交换以及融合的渠道,才能让原本孤立闭塞的业务进化出更新更好的应用场景,为交通基础设施智能化运维提供数据能力支撑。

(2)数据应用延迟过高

大规模交通基础设施运行场景下,数据来源及应用场景广泛,数据生产和消费能力极不均衡,大量新数据来不及有效处理、存储和对外服务,业务系统无法及时获得实时和历史统计数据,延迟多达分钟级,阻碍大桥的智能化高效运行。交通基础设施运维需要快速感知、快速响应,所以从源头到过程再到最终应用,都需要降低延迟,提供快速的实时和历史双通道数据。

(3)海量数据难管理

随着大量业务系统长期运行,积累的多源异构数据越来越多,不同类型数据的管理方式也有较大差异,混合架构下的大规模数据变得难以管理。为保障数据运维,需要研究EB级的异构数据存储与计算扩展方法,同时为了提升存储经济性,还需实现海量数据的压缩存档及高效检索。

面对这些挑战,研发涵盖大桥集群设施结构特征、状态监测、运维管理等各方面业务特征的全生命周期运维数据统一管理技术,构建数据中枢系统,以支持多源异构海量数据的统一接入、处理、存储及管理,支持存储及计算等各类资源的弹性扩展;基于统一数据标准实施装备设施及业务系统的数据集成,实现海量多源数据互联互通及融合创新,保障全桥全业务系统基于数据标准全面落地;建立高性能多源异构数据处理能力,包括结构化数据实时计算能力,视频、图像等非结构化数据的实时识别和分析能力,以及多源数据的快速融合计算能力,以支撑业务系统的敏捷响应及应用创新。智联平台海量多源异构数据中枢架构如图3-1所示。

图3-1　智联平台海量多源异构数据中枢架构

智联平台数据中枢采用不同于传统大数据平台架构的全新设计，建立支持各种异构资源弹性伸缩的去中心化、全分布式底层框架，融合多种针对场景优化的存储引擎、超高速计算引擎以及统一访问引擎，其目标是构建面向海量多源异构数据融合、支持统一数据标准的互联互通一体化数据生态。

3.1.2 智联平台数据中枢的技术路线

现今的物理世界和数字世界不断交汇融合，两者之间的壁垒随着大数据、人工智能、数字孪生等技术的发展不断消解，大量的工程实践试图推动物理模型和数字模型的高效协同。

港珠澳大桥的海量多源异构数据具有大数据"5V"特征，即规模（Volume）大、变化（Velocity）快、种类（Variety）多、价值（Value）密度低和真实度（Veracity）高。

针对港珠澳大桥数据"规模大"的特征，需要融合多种数据平台构型，从架构层面提高扩展性。大规模并行处理架构的典型实现，以关系数据库为内核，通过哈希分布将数据均匀打散到集群内的独立数据库节点。由于节点间 Shared-Nothing 的拓扑特点具有良好的弹性和线性扩展能力，而且底层关系数据库的支撑使之具备低延迟、高并发的优点。智联平台数据中枢采用去中心化的元数据服务和分布式的存储服务，通过文件系统的映射关系将数据分块、多副本并分布存储到不同节点，数据的存储位置由元数据中心节点来记录管理，节点扩展只需更新中心节点的元数据。存储与计算分离，元数据本身的管理非常轻量，随着集群规模扩大，去中心化的负载能力呈线性提高，为此引入了去中心化的联邦学习机制将元数据分组独立管理，增强了元数据管理的可扩展性，在获得更高数据吞吐量的同时，避免触发全量数据扫描和数据倾斜，极大地提高了查询和并发查询的性能。智联平台数据中枢在以上设计思路下，集群规模可达数千节点，存储容量在 EB 级别。智联平台数据中枢引入海量对象存储的基本特点是将存储资源与计算资源分离，计算资源主要被分配到存储层之上的元数据服务层及查询计算层。带来的好处是存储成本降低，服务能力提升，在低成本存储之上建立以计算资源为主的可伸缩查询层，并通过缓存技术，降低了计算节点和存储节点之间的网络流量，获得了更好的性能，同时利用专有云的低成本对象存储来保存开放格式的数据文件，通过查询计算层的开放 API 来访问数据。由于数据存储和计算资源解耦并可以按需分别扩展,云存储和计算资源的水平扩展理论上没有限制。

针对港珠澳大桥业务数据包含大规模物联网数据、操作数据、北斗定位等大规模高频数据等"变化快"的特征,智联平台数据中枢引入高性能的实时数据处理能力,基于弹性分布式数据集的微批处理能力,将查询计算构建为有向无环图(Directed Acyclic Graph,DAG),并分解为任务分发到集群的各个工作节点,然后并行执行基于内存的计算,可充分适应秒级甚至亚秒级的计算,同时数据中枢基于并行流数据结构,并采用了连续数据流模型,可以针对物联网数据做到更低的延迟,而且支持更多的业务数据窗口类型,缓存中间结果并高效动态重组,利用多种计算目标共享中间态实现了实时计算的性能优化。

针对港珠澳大桥业务数据"种类多"的特征,智联平台数据中枢需要引入针对多源异构数据的统一存储和访问能力。数据的异构特征让传统关系型数据库从容量、性能、访问模式,以及对非结构化数据支持等方面都捉襟见肘,因此需要各种 NoSQL 及 NewSQL 存储引擎以应对不同类型的数据,使数据中枢管理各种非传统关系型数据,包括键值数据、图数据、流数据、时空数据、向量数据、索引数据等,其特征是放弃关系模型且保证有限的事务处理能力,使用各种数据模型访问和管理数据,并在数据一致性和可用性上加以取舍,因此具备灵活的架构以支持构建现代应用程序。智联平台数据中枢按照数据湖方法论构建,以自然格式存储结构化、半结构化以及非结构化数据,然后通过数据的处理转换来提供查询输出,对比传统数据仓库数据湖可以实现数据格式在读取时定义。在功能方面智联平台数据中枢提供数据建模、数据集成、脚本开发、作业调度、运维监控等服务,支持同一作业中不同类型数据服务之间的数据编排与调度,如图3-2所示。

针对港珠澳大桥广泛的传感器、机电设备形成的庞大物联网,其数据具备"价值密度低"的特征,即大规模的时效性数据短期存储,而数据处理与分析模型则作为高价值数据范式发挥重要作用。智联平台数据中枢通过数据清洗、分析挖掘以及数据压缩等方式,基于业务数据特征建立定制化的数据加工任务,推动低价值密度数据的高效存储和有效使用。为减少数据加工任务的研发工作量,智联平台数据中枢采用低代码的可视化方式快速建立数据加工流水线,串接数据处理与数据清洗、实时计算、分析模型、压缩处理等不同处理场景,为数据湖解决方案提供涵盖数据汇集、建模、开发、分析、服务的全链路大数据开发治理能力。

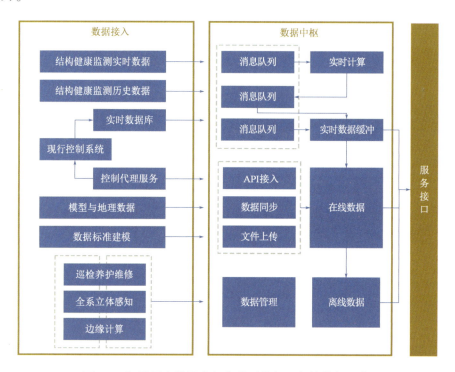

图 3-2　智联平台数据中枢多类型数据服务编排与调度

针对港珠澳大桥的实时数据和业务数据"真实度高"的特征,智联平台数据中枢现实数据投射到虚拟模型进行分析、处理及仿真,并将决策及控制信息反馈到物理世界,实现物理世界与数字世界的信息联动。另一方面我们充分意识到数据的真实是指数据采集端如实反映了港珠澳大桥物联网对真实物理世界的感知,但并不意味着准确,通过有效识别数据的异常,智联平台数据中枢能够促使现实世界进行感知能力的修复或校正。因此智联平台通过采集记录各种来源的感知数据,将物理世界的变化快速有效地反映到数字世界交互界面,实现在数字孪生层面的高可靠性。

以"数字港珠澳大桥"的数据平台建设为典型场景,港珠澳大桥大规模多业务系统所涉及的数据来源广泛、规模庞大、种类繁多、结构多样,而且因为面向健康监测、耐久性评估、安全运行决策、应急救援、装备运行等重大关键业务,对数据计算、融合、访问等性能要求也十分高。数字港珠澳大桥建设要求对海量多源异构数据进行全生命周期下的一体化管理,在统一平台下解决跨众多业务系统的数据集中、数据交换、数据计算、数据治理、数据访问等一系列的问题,并有效控制数据的管理成本、灵活应对不断变化的数据需求。对比当前主流的数据平台,智联平台数据中枢在应对港珠澳大桥为代表的跨海集群运维场景时体现出独特的优势和先进性,如表 3-1 所示。

经典大数据平台功能对比 表 3-1

平台	扩展性	异构存储融合	主要计算引擎	适用场景
Hadoop	HDFS 分布式文件系统 计算与存储按比例伸缩 接近 EB 级	数据库+文件存储为主 部分融合	Spark Flink	中大型企业组织内部结构化数据和文件的存储、查询、计算、治理
阿里云	OSS 分布式对象存储 扩展性高 存储与计算分离 EB 级以上	异构存储引擎 非融合	MaxCompute Flink	面向多租户,总体规模巨大;租户以中小型企业组织为主,单体数据规模一般
AWS	S3 分布式对象存储 扩展性高 存储与计算分离 EB 级以上	异构存储引擎 非融合	Athena Redshift EMR	面向多租户,总体规模巨大;租户以中小型企业组织为主,单体数据规模一般
Snowflake	S3 分布式对象存储 扩展性高 存储与计算分离 EB 级以上	单一存储引擎 数据库	仅 SQL	面向多租户,支持弹性规模企业组织的海量结构化数据存储查询

3.2 智联平台数据中枢异构数据融合技术

3.2.1 数据中枢统一元数据模型

港珠澳大桥运维业务的复杂多业务系统场景混杂了不同类型的数据,每种数据都有其最合适的存储介质、存储引擎、存储结构和生命周期选择,例如港珠澳大桥传感器采集的数据根据热度情况不同,雷视融合数据、结构健康监测数据、机电系统数据等频繁操作的小吞吐量数据加载到内存缓存存储;与人机交互生成的预警、事件、工单等业务密集型数据加载到 SSD 存储介质以获得功能性的性能加速;用于存档历史传感器数据等低频访问的数据则更多在被压缩打包后交由硬盘存档。

智联平台数据中枢根据数据生产及应用的特征,多更新少增长的业务数据大多存储在关系数据库,如智能维养系统中的资产管理业务所生成的数据,维养业务中的桥岛隧监测数据,各业务系统的日报、周报、月报、年报类的定期报表数据等;多增长不更新的数据存储在时序数据库,这类数据一旦采集完成就会形成一条数据,但数据本身并不做删改操作,并定期地归档离线,如传感器数据、日志数据、平台本身的监控数据、实时的告警数据等;不少更新海量增长的数据大多可以存储在列式数据库,最典型的是地理信息 GIS 数据,也包括业务系统中广泛使用的用于数据挖掘的数据集,在安全防护系统中使用的用户行为数据,用于结构分析的有限元计算的数据集等;在线访问文件大多放在对象存储,港珠澳大桥的日常业务中在线访问文件最主要的是历史监控数据,为方便随时调用监控系统中视频监控数据,数据中枢采用块存储的方式保存在线的监控数据,块存储的另一个重要应用是智联平台中大规模使用的模型数据,本地模型文件放在块存储中方便调用,与智联平台相关的业务知识图谱则存到图数据库,全文索引采用搜索引擎。

智联平台数据中枢为保障多业务系统的不同形态和结构的数据进行交换流通,采用统一的数据表达及数据模型定义方式,即桥岛隧智能运维数据标准体系,如图 3-3 所示。数据标准定义了不同数据类型的构成、长度、范围等,使得数据在不同编程语言、存储系统以及业务系统中都能够被正确解读和处理。这种规范性有助于避免因语言差异、存储格式不统一以及业务表述不一致等问题导致的数据交换流通障碍,从而提高数据的互操作性和扩展性。

智联平台数据中枢将异构数据概念从数据库表形态延伸到各种网络协议、二进制格式、数据文件、数据流等其他数据形态,按照数据标准形成的元数据形成数据接口,构成了更为广义的多源异构数据,并在其整个生命周期内,进行跨形态迁移、融合、拆分以及转换,其主要有典型意义的数据标准应用如表 3-2 所示。这些复杂的数据存储划分,以及不同划分之间的动态变化,必然会导致数据接入、存储、获取和治理的难度大幅增加。

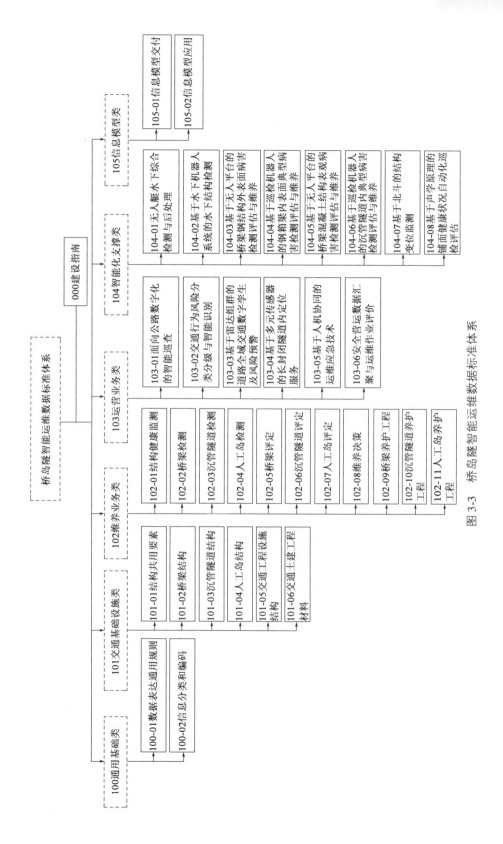

图 3-3 桥岛隧智能运维数据标准体系

数据中枢主要标准化元数据应用　　　　　表 3-2

接口类型	通信协议	数据格式	数据标准
告警	HTTP	JSON	100-01 数据表达通用规则 102 维养业务类 103 运营业务类
评估	HTTP	JSON	102-05 桥梁评定 102-06 沉管隧道评定 102-07 人工岛评定
经纬度转换	HTTP	JSON	105-01 信息模型交付 105-02 信息模型应用
模型-2000 国家大地坐标系转换	HTTP	JSON	105-02 信息模型应用
车辆识别结果	HTTP	JSON	103 运营业务类
机电设备状态查询	HTTP	JSON	102 维养业务类 105-02 信息模型应用
机电控制	HTTP	JSON	102 维养业务类 105-02 信息模型应用
传感器	HTTP	JSON	102 维养业务类 105 信息模型类
雷达视频融合历史	HTTP	JSON	103-03 基于雷达组群的道路全域交通数字孪生及风险预警
设备静态信息	HTTP	JSON	105-01 信息模型交付
无人艇轨迹	HTTP	JSON	104-01 无人艇水下综合检测与后处理 105-02 信息模型应用
巡查车辆	HTTP	JSON	103-01 面向公路数字化的智能巡查
告警	HTTP	JSON	103 运营业务类
传感器	WebSocket	JSON	102-01 结构健康监测
无人艇监测	HTTP	JSON	104-01 无人艇水下综合检测与后处理 104-02 基于水下机器人系统的水下结构监测 101 交通基础设施类
巡查车辆	HTTP	JSON	103 运营业务类

智联平台数据中枢统一元数据模型是跨数据存储引擎、计算引擎以及传输形态的数据表达体系,涵盖了数据元、元数据、数据模型、关系模型。数据元为元数据模型提供了最基本的构建单元。智联平台数据中枢的数据元具有名称、定义、标识、类型、表示格式、值域、计量单位、描述等属性,是对数据类型的扩展定义。

智联平台数据中枢的数据实体基于具体的业务特征,与桥岛隧智能运维数据标准体系做对应,并选取一组合适的数据元形成数据字段集合,对业务进行有效表达。不同的数据实体可以引用同一个数据元,但形成的数据字段各自独立。比如在结构健康监测系统中,多种类型的综合传感器采集的数据在业务属性上有重叠,但是在采集精度、频率、用途、特性等多个方面并不相同。在多个数据实体之间建立关联,增加对复杂业务相互关系的描述,则构成完整的元数据模型。元数据模型中所有对数据本身的规范和定义信息,都属于元数据的范畴。符合元数据模型的数据对象应用到特定数据引擎,则形成数据实例。在智联平台数据中枢系统中元数据模型及其内部构成,均可以采用标准化 JSON 格式进行描述。描述内容经解析后,所有信息存储在图数据库中。

智联平台数据中枢的数据元被拆分为基础结构和扩展结构。扩展结构等同于数据字段,相较于基础结构增加了许多额外信息,例如字段默认值及其生成方式、字段顺序、键、唯一性、可控性等,因此更容易用来描述数据实体和关系;而数据元的基础结构更多用于描述数据值自身的信息,便于数据元共享使用。大量的数据元集中在共享数据元池中,供元数据模型挑选使用。数据元结构本身规定了很多默认属性值,因此在数据元定义时可以仅描述非默认属性。同样,数据元池中的公共数据元已包含了大量默认信息,因此在元数据模型定义中引用公共数据元时,也无须重复描述。

在智联平台数据中枢的元数据模型中,一个数据实体既可以引用公共数据元作为字段,也可以引用其他数据实体的字段,还可以直接定义新字段。引用其他数据实体字段时,根据当前字段和被引用字段的 key、unique 等属性值,能够确定两个数据实体之间的关联关系。引用其他数据实体字段将自动重置当前实体的属性 key = false,属性 unique = false,以及属性 default 为空值;当被引用字段 key = true 或 unique = true 时,当前实体与被引用实体表现为 1∶N ER 关系;当被引用字段 key = false 且 unique = false 时,当前实体与被引用实体表现为 M∶N ER 关系。当显示设置当前实体的 unique = true 时,如果 key = false,则表明本字段是唯一性约束;如果 key = true,当前实体与被引用实体表现为 1∶1 ER 关系。如果一个实体中有多个字段 key = true,则这些字段表现为联合主键。

智联平台数据中枢在数据分层、分治的情况下,建立一个与具体数据形态无关的统一元数据模型层,对多源异构数据进行一致性的描述,包括定义数据对象的构成、描述、关系、约束等,并进一步定义通用的数据读写接口,以及数据实例的创建、部署、销毁等操作接口,然后建立各种数据形态下的适配器,针对每种数据形态编码实现上述标准接口,智联平台数据中枢对统一数据模型的构建如图 3-4 所示。这样,基于统一元数据模型,可以对外屏蔽内部数据形态的差异性,降低外部应用操作数据的复杂度,最终实现多源异构数据的单体化生态。

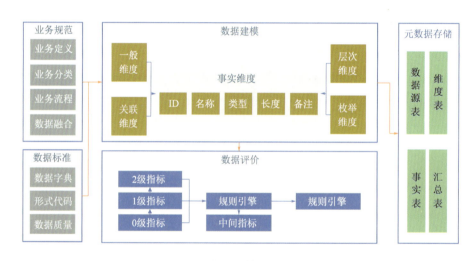

图 3-4 统一元数据模型应用

至此,元数据模型涵盖了描述特定业务的所有数据要素。当这些规范能够应用到数据库表、数据文件、消息队列、数据接口等不同的数据形态时,就形成了统一元数据模型。

3.2.2 异构数据源适配

智联平台数据中枢基于统一元数据模型,对多种数据源进行适配,是实现异构数据融合的基础。智联平台数据中枢的这种适配能力的关键在于定义一组通用的接口,为不同的数据引擎或形态分别实现这些接口,以支持对各种数据源读写的统一调度。这些接口包括：Build 接口负责读取数据源的配置并建立操作实例，Read 接口负责读取一个窗口的数据，Write 接口负责向下游输出一个窗口的数据，Exec 接口负责执行数据源或存储目标的 SQL 语句或脚本，Update 接口负责更新数据，Delete 接口负责删除指定数据等。

智联平台数据中枢所涉及的数据形态包括标准网络通信协议 Net、文件系统 FS、消息队列 MQ、数据库表 DB、音视频流 Media、服务接口 Service 等。针对每种数据形态定义对应的接口。智联平台数据中枢为确保各类数据各得其所，数据中枢系统选择了一些典型数据引擎，例如 MySQL、PostgreSQL、Clickhouse、MongoDB、OSS、Minio、DGraph、Badger、Redis、Kafka、EMQX 数据库或中间件，Excel、CSV、Parquet、GZ 等文件格式，网络协议及数据包，以及 HTTP、WebSocket、GraphQL 动态接口等进行适配，并能够根据需要追加更多的适配类型。智联平台数据中枢对多数据源的适配类型如图 3-5 所示。

图 3-5　数据源适配类型

以无人艇水下扫描业务为例，该业务涉及本身的无人艇航迹信息、无人艇水下综合检测信息、无人艇水下结构监测信息，同时需要使用信息模型与北斗地理信息传感器的定位信息等。汇聚这些信息之后，通过分析计算过程，产生水下综合检测分析数据，并生成信息模型应用数据，其分析结果被智能维养和人工岛监测与人工岛评定子系统所调用。在这个实际业务流中，智联平台对所有数据源均采用符合数据标准的标准化 YAML 格式描述，并保存在数据中台的元数据模型存储中，其中数据源的 URI(Uniform Resource Identifier，统一资源标识符）属性是统一资源描述符，兼容数据库连接字符串，并扩展到其他数据形态。数据源的 table 属性是广义的数据集合名，对应到不同数据形态有不同的概念。例如在无人艇定位信息中采用消息队列中对应消息主题（topic），而规划的无人艇监测路径则保存在对应的格式化工作表（sheet）中。数据中枢采用类 SQL 查询的方式来定义对于数据源中特定信息的获取，并将其通过标准化接口发布，以供智能维养系统、人工岛监测、人工岛评估、无人艇指挥等多个业务系统调用。这种定义方式更易于结构化解析，与其他业务系统的异构数据源、数据处理流程定义等有更清晰的关联，如图 3-6 所示为无人艇水下扫描业务异构数据源适配的案例。

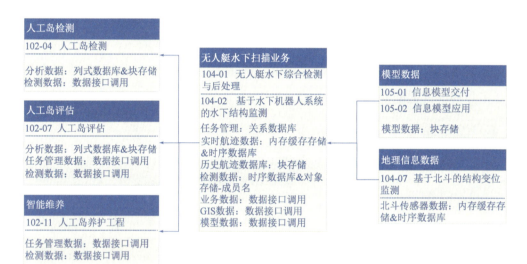

图 3-6　无人艇水下扫描业务异构数据源适配

智联平台数据中枢也提供定制化的 SQL 解析器，从而支持使用 SQL 语句来驱动非 SQL 数据引擎的读写，以及多个异构数据源的关联查询。字符串形式的 SQL 语句以及上述结构化的 SQL 表述，其解析结果都是同样的 SQL 语法树结构。各类数据源基于该语法树结构来实现数据实例的新建和销毁，以及数据的读取、筛选、写入等操作。

3.2.3　通过数据接口进行数据交互的单体化数据生态

由于智联平台数据中枢需要管理的业务数据繁多，其管理大量不同类型的数据库、文件、数据处理过程、数据接入协议、数据服务等。各类数据源可以使用 YAML 集中定义。在数据中枢的支持下，用户基于业务定义逻辑模型，通过多源异构数据联合查询的方式将逻辑模型映射到异构的物理模型,然后将这个业务逻辑模型发布为数据接口,以满足业务数据访问的各种需求。这种方式使内部数据存储采用的物理模型与对外业务系统的逻辑模型解耦,物理模型和逻辑模型能够独立更新,意味着系统能够迁移或更换底层存储引擎而不影响业务,也能够利用多数据源融合的方式对业务进行升级迭代。

智联平台数据中枢适配的异构数据源依靠各自实现的标准读写接口,实现了双向的数据交互能力,使得数据能够在各种存储引擎或形态下进行自由迁移。在异构数据联合查询时,通过定制的 SQL 解析器执行面向数据源的谓词下推、投影消除、连接消除等操作,优化跨数据源查询的执行计划,实际上是将传统数据库中基于本地表的查询优化扩展到外部数据库表上。在此过程中,智联平台数据中枢的 SQL 查询基于逻辑树切分、视图归并,被拆分为不同数据源下最小必要数据集的子查询。子查询结果在计算引擎中进行合并输出。智联平台数据中枢对多数据源提供统一 SQL 访问机制如图 3-7 所示。

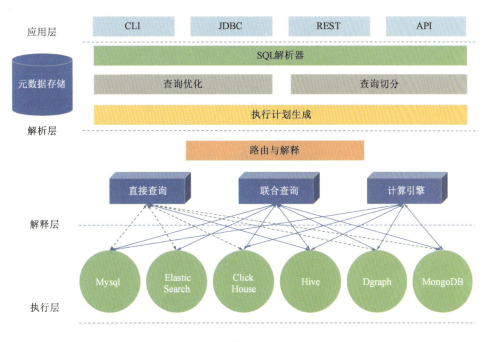

图 3-7　多源数据 SQL 统一访问

智联平台数据中枢的多源数据联合查询,包括物理模型、查询语句等信息在数据中枢以图谱形式存储。查询语句解析为查询语法树,建立与元数据模型等效的 ER(Entity Relationship,实体关系)表达,从而有效管理单体化数据生态下的逻辑模型。另外,智联平台数据中枢的逻辑模型以多种形式的服务接口对外提供访问服务。通过将接口抽象表达为数据表形式,数据查询可以发布为RESTful、GraphQL、WebSocket等协议的数据接口。首先,用户通过标准的RESTful API方式获取所需的数据,实现了对数据的灵活访问;其次,WebSocket则提供了实时双向通信的能力,适用于对实时性要求较高的场景,例如监控和告警;最后,GraphQL则提供了更灵活的数据查询方式,允许客户端按需获取所需的数据,减少了数据传输的冗余。通过支持多种数据输出方式,数据处理系统使得采集和处理的数据能够更广泛地服务于业务系统,满足不同用户的需求,提高了系统的可用性和适用性。数据中枢对典型业务系统的元数据模型与业务接口的对应关系如表3-3所示。

数据中枢数据标准元数据模型与业务接口应用 表3-3

接口类型	通信协议	数据格式	数据标准	接口 API
告警	HTTP	RESTful/JSON	100-01 数据表达通用规则 102 维养业务类 103 运营业务类	alarm/ < source_type > < application > < custom >
评估	HTTP	RESTful/JSON	102-05 桥梁评定 102-06 沉管隧道评定 102-07 人工岛评定	assess/ < source_type > < application > < custom >
经纬度转换	HTTP	RESTful/JSON	105-01 信息模型交付 105-02 信息模型应用	/api/getlongitudeto-projectio
模型-2000坐标转换	HTTP	RESTful/JSON	105-02 信息模型应用	/api/getconvert
车辆识别结果	HTTP	RESTful/JSON 资源 URL	103 运营业务类	data/camera/vehicle_information_recognition
机电设备状态查询	HTTP	RESTful/JSON	102 维养业务类 105-02 信息模型应用	/api/v1/data/multiple
机电控制	HTTP	RESTful/JSON	102 维养业务类 105-02 信息模型应用	/api/v1/control
传感器	HTTP	RESTful/JSON	102 维养业务类 105 信息模型类	/v1/api/sensor/DT_{传感器类型}/read

续上表

接口类型	通信协议	数据格式	数据标准	接口 API
雷达视频融合历史	HTTP	RESTful/JSON 资源 URL	103-03 基于雷达组群的道路全域交通数字孪生及风险预警	/api/v1/sensor/tracks_v7/read
设备静态信息	HTTP	RESTful/JSON GraphQL	105-01 信息模型交付	/api/v1/iot/info
无人艇轨迹	HTTP	RESTful/JSON	104-01 无人艇水下综合检测与后处理 105-02 信息模型应用	/v1/api/sensor/DT_SHIP/read
巡查车辆	HTTP	RESTful/JSON	103-01 面向公路数字化的智能巡查	/api/v1/sensor/DT_CarBox/read
传感器	WebSocket	RESTful/JSON	102-01 结构健康监测	/api/v1/iot/sensor/data
无人艇监测	HTTP	JSON	104-01 无人艇水下综合检测与后处理 104-02 基于水下机器人系统的水下结构监测	data/ship/sxjc/anji
巡查车辆	HTTP	JSON	101 交通基础设施类 103 运营业务类	data/car_box/tlcloud_info/track

智联平台数据中枢的数据交换流通方式屏蔽了内部数据源的多样化和差异，对外提供统一的数据结构及数据源读写接口，从而将多源异构数据转变为单体化数据生态来进行管理，为系统的未来扩展和集成提供了更多可能性。

3.3 高性能数据流水线编排技术

为满足港珠澳大桥作为跨海集群的复杂业务场景，其智联平台数据中枢为异构业务系统提供全态数据的集成，包括在线数据、实时数据、离线数据等。在线数据是指主动按需访问的低频数据，如三维模型、传感器/机电/装备基础信息、病害库、评估报告、运维业务运行数据等，在数据库中存储。实时数据是指被动接收或订阅的高频数据，如传感器读数、无人装备及交通轨迹、视频流、视频 AI 识别、业务告警、工单、实时评估等，使用消息队列处理。离线数据是指将不常访问的数据压缩备份,迁移到冷存储中,并提供批量下载服务。可在需要时恢复到温、热存储。

以上这些数据在整个生命周期中经过各种抽取、转换、加载、计算、统计分析,以及数据之间的各种关联、融合,才能最终产生港珠澳大桥运维业务所需的形式。同时,业务本身也反馈新的数据回到数据中枢,并参与新的数据处理过程。所有这些构成了数据的流动。

智联平台数据中枢通过建立数据流水线统一管理内部数据流动的体系,通过设计、规划、调度数据流动来打通数据壁垒,满足整体的数据需求。数据流动依靠高性能的批计算引擎、流式数据计算引擎、数据分析引擎等来驱动数据的加载、计算、融合、输出等环节,另外还需要借助音视频流处理引擎、AI视觉及自然语言推理引擎等来完成非结构化数据的结构化。

智联平台数据中枢集成多类型异构计算引擎(图3-8),并利用处理逻辑编排、输入输出编排以及运行时间编排等,来串接数据源、处理流程和数据输出,从而建设全局数据交换管网,并在数据流动过程中处理血缘管理、权限控制、负载流控、监控报警、质量分析等各种服务或事务。智联平台数据中枢的处理流水线具有以下特点:自定义算子插件及对接第三方计算引擎,算法逻辑资产化,可管理可复用,数据任务DAG流程化,支持人工流程节点,可调度可跟踪,数据处理的输入输出统一元数据模型规范。

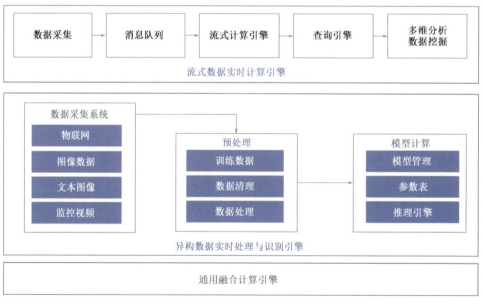

图3-8 异构计算引擎集成

智联平台数据中枢利用DAG的结构可以更有效地管理和组织数据处理流程。DAG的每个节点表示一个操作或处理步骤,有向边表示数据流向,所有节点和边组合在一起可用于描述数据的采集、传输、处理和输出的整个流程。数据中枢通过异构数据计算编排引擎,以节点拖拽连接的方式建立DAG数据加工流水线,以低延迟消息队列通信串接结构化计算引擎、视频流处理引擎、AI推理引擎、动态服务引擎等,实现多种协议流接入、持久化数据流转换、流合并、条件分流、流复制、流窗口协调、流窗口计算及存储、动态数据接口等,有效地支撑了从海量多源异构数据到仿真、评估、预警、应急、决策、风险管控、防灾减灾等业务系统的高并发、低延迟的实时及历史双通道数据链路;通过对数据处理流水线的各个节点建立状态缓存和异常推送通道,实现全流程状态统计、过程数据实时查看、异常数据监测及告警等能力,提高数据处理逻辑的设计、部署及调试的开发敏捷性。

3.3.1 流式数据实时计算引擎

结构化数据计算是智联平台数据中枢中最基本也最重要的处理能力。数据中枢集成多种结构化计算引擎,包括内存批计算引擎以及流式计算引擎。所有第三方数据计算引擎作为数据流水线上的节点,其输入和输出数据结构通过统一元数据模型来定义。结构化数据计算包括数据解析、映射、转换、筛选、分组、连接、合并、聚合、采样、去重、排序等多种处理算子。

智联平台数据中枢的文本处理引擎主要提供自然语言处理、理解及生成能力。在人机对话、知识图谱、文档问答等场景应用广泛。通过利用先进的自然语言处理技术,文本处理引擎可以深入理解用户输入的文本并生成相关且连贯的回应。它的应用场景十分广泛,特别是在人机对话系统中,能够准确识别用户意图,提供智能化、个性化的对话体验。在知识图谱领域,文本处理引擎能够从大量非结构化数据中提取知识,构建关系网络,并通过语义理解进行知识检索与推理。这使得港珠澳大桥运维方能够快速从庞大的数据中获取所需信息,优化业务决策流程。同时,文本处理引擎在文档问答方面展现了卓越的性能,它可以从复杂的文档中提取出精准答案,为用户提供高效的搜索体验。除此之外,文本处理引擎还能支持自动摘要、情感分析、语义搜索等功能,为各种文本相关应用提供全面的技术支持。无论是挖掘隐藏在数据背后的价值,还是希望构建更智能的交互系统,文本处理引擎都能够提供强大的支持。

智联平台数据中枢负责汇聚港珠澳大桥实时监控的各种流媒体数据,实现综合流媒体数据的实时采集、智能识别、实时告警、实时输出、历史追溯,包括摄像头视频监控、由无人设备或人工拍摄的视频、设备采录的环境音频数据等,是支持各类场区智能化运行管理的重要数据资产。市面上大多数监控系统平台往往采用私有格式存储及发布媒体数据,第三方需要基于平台提供的软件开发工具包(Software Development Kit,SDK)开发模块来访问实时视频流以及历史视频检索等功能,在复杂多业务集成的场景下,这种对接方式将严重影响集成效率。数据中枢增强了流媒体数据对接集成能力。数据中枢使得流媒体数据流输入变为了可能。

以桥梁监测系统的桥梁健康监测数据对接为例(图 3-9),从终端摄像头以及其他各类流媒体服务通过 RTSP/RTMP/HLS 协议拉流,或者接收推流应用(FFmpeg、GStreamer、OBS 等)通过 RTSP/RTMP 方式的推流。数据中枢使流媒体数据流输出能力大为提升,可以为各个业务系统提供综合性的功能。所有接入智联平台数据中枢的流媒体支持保留原协议或者转协议,提供 RTSP/RTMP/HLS 协议的直播流;提供基于 http/WebSocket 协议的 flv/ts/MP4 格式直播流;提供推流器,通过 RTSP/RTMP 协议转推至第三方服务器;支持按需播放、降帧降分辨率、断连续推流、复制分发等。数据中枢支持媒体的存储及历史访问,包括提供分布式对象存储来保存实时录像、截图,可配置定时自动清理期限;支持录像时移回看以及按时间切片提供下载。数据中枢提供的监控媒体中心模块,以安全、开放、便捷为宗旨,打通音视频监控/直播/点播协议栈,以高性能、分布式、低功耗的软硬件架构实现对多类型海量流媒体的统一管理,并以开放接口提供转码、分析、分发、录制、回放、信息检索、告警等专业化、智能化、一站式的流媒体服务。

3.3.2 AI 推理引擎

智联平台数据中枢集成的 AI 推理引擎主要针对图像类数据提供智能识别推理能力。结合流媒体处理引擎,实现不同业务场景的视频实时分析。这个强大的 AI 推理引擎能够将复杂的图像数据转化为可操作的洞察,为各行业的应用场景提供精准且实时的分析结果。

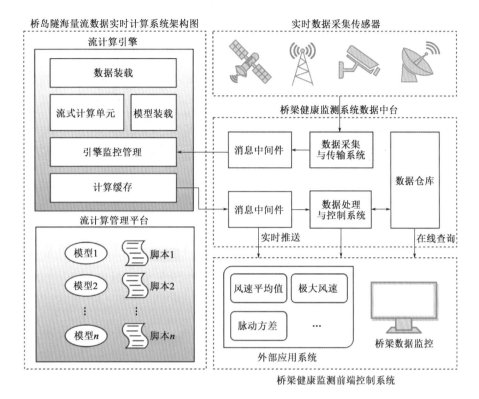

图 3-9 桥梁监测系统与智联平台流式实时计算引擎的对接

首先,智联平台数据中枢的 AI 推理引擎依靠深度学习模型,如卷积神经网络(CNN)和循环神经网络(RNN),在图像识别方面展现出卓越的性能。通过对大量已标注的图像数据进行训练,AI 推理引擎可以准确识别图像中的各类对象、场景和活动。这一能力在港珠澳大桥的监控、评估等领域得到了广泛应用。其次,AI 推理引擎与智联平台数据中枢流媒体处理引擎的结合,使其具备了强大的视频实时分析能力。流媒体处理引擎可以对来自多个摄像头或传感器的数据流进行实时接收、解码和预处理,然后将处理后的数据传输至 AI 推理引擎进行分析。这一过程在毫秒级别完成,从而确保了分析的实时性。

例如,在交通运行系统中,AI 推理引擎可以将远距离的全局画面与近距离的细节画面进行统一分析,分别获取车辆的行驶信息和车辆的自身信息。它能够实时分析路口摄像头的画面,获取车辆行驶信息,包括车道、姿态、速度、加速度等数据,同时识别车辆、行人和交通信号灯的状态;而车辆自身信息包括车辆的车牌、通行牌照、车型等,并结合北斗的位置传感器信息,进而综合对交通流量进行优化管理,减少拥堵和事故发生,效果如图 3-10 所示。

a) 特写视野　　　　　　　　　　　　　b) 全局视野

图 3-10　全局视野获取车辆的行驶信息和特写视野获取车辆自身信息

此外,智联平台数据中枢的 AI 推理引擎还具备良好的可扩展性和易用性。通过模块化设计和 API 接口,它可以轻松集成到不同的业务系统中,满足各种行业的需求。例如,在智能制造领域,它能够与生产设备直接对接,实现生产线上产品缺陷的自动检测,减少人工成本,提高生产效率。通过结合多种数据源和传感器,它还可以实现更复杂的业务场景分析,如智能物流系统中的包裹分类和仓储管理。

例如,在交通安全监控领域,媒体中心可以自动检测并识别摄像头画面中的可疑行为或物体,实时生成警报,媒体中心通过插件化的方法,部署采用人工神经网络(ANN)与深度学习的识别算法,提供车牌识别、危险变道、危险停车等功能,应用了最新的 YOLO 系列目标识别和行为特征识别算法,使得特定车辆异常行为识别的准确率提高 1.45%、安防效率提高 10.5% 以上。将 AI 推理引擎应用于港珠澳大桥车辆异常行为识别的界面如图 3-11 所示。

图 3-11　车辆异常行为识别界面

总体而言,智联平台数据中枢集成的 AI 推理引擎在图像和视频分析方面拥有广泛的应用前景,为各行业提供了智能化的解决方案。无论是实时监控、质量检测还是业务优化,它都能够通过精准的图像识别和实时推理,帮助传统基础设施运维管理实现数字化转型,提升运营效率。结合流媒体处理引擎,它更是为不同业务场景的视频实时分析提供了可靠的技术支撑,将图像识别和分析能力提升到一个新的高度。

3.3.3 通用融合计算引擎

智联平台数据中枢的通用融合计算引擎用于将各种异构计算引擎以及异构存储引擎串接起来,提供整体的任务调度和数据处理流程管理,以及各种数据源读写适配。它在现代数据密集型应用中扮演着关键的角色,旨在打破数据孤岛,实现数据的统一管理和高效利用,为港珠澳大桥运维业务带来全面的数字化转型能力。

通用融合引擎的核心功能是连接异构计算和存储引擎。异构计算引擎包括传统的关系型数据库、分布式计算平台(如 Hadoop、Spark)、实时流处理引擎(如 Flink)、机器学习平台(如 TensorFlow、PyTorch)等。而异构存储引擎涵盖关系型数据库、NoSQL 数据库、分布式文件系统、对象存储等多种类型。通用融合引擎通过提供统一的接口和适配层,使这些不同类型的计算和存储引擎能够无缝协同工作,确保数据在不同系统之间的流动和计算任务的顺畅执行,如图 3-12 所示。

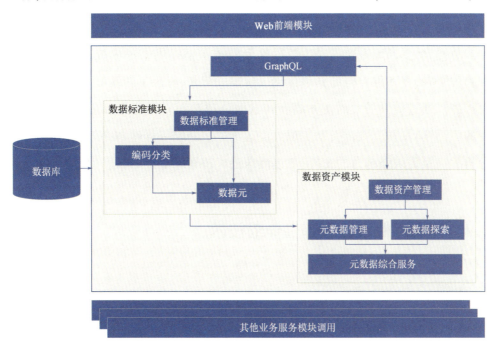

图 3-12　基于数据标准的异构数据融合计算

在智联平台数据中枢的任务调度和数据处理流程管理方面,通用融合引擎提供了强大的工作流管理功能。通过定义和编排数据处理任务,业务系统研发团队可以轻松构建复杂的 ETL(Extract,Transform,Load)流程,将不同数据源中的数据抽取、转换并加载到目标数据存储中。同时，融合引擎能够根据任务的优先级、资源消耗和依赖关系，智能分配计算资源，实现任务的高效调度。这种任务调度能力能够充分利用现有的计算资源，避免资源浪费，并确保关键任务得到及时处理。

在数据源读写适配方面，通用融合引擎提供了丰富的连接器和适配器，支持各种主流的数据源类型，包括关系型数据库（如 MySQL、PostgreSQL）、NoSQL 数据库（如 MongoDB、Cassandra）、消息队列（如 Kafka、RabbitMQ）、分布式文件系统（如 HDFS）、云存储（如 AWS S3、Azure Blob Storage）等。这种广泛的适配能力，使得业务系统研发团队可以轻松整合来自不同业务系统的数据，构建全局数据视图，为业务分析和决策提供全面的数据支持。

智联平台数据中枢通用融合引擎还具备良好的可扩展性和可靠性。通过模块化的架构设计，它可以根据港珠澳大桥运维的业务需求灵活扩展功能模块，并支持高可用性部署，确保在数据处理高峰期依然能够保持稳定的性能和服务。对于需要实时数据处理的场景，融合引擎还能够与实时计算引擎无缝集成，实现低延迟的实时数据分析和处理。

总而言之，通用融合引擎为智联平台数据中枢提供了一个统一的数据处理和管理平台，将各种异构计算和存储引擎串联起来，打破了传统数据架构中的信息孤岛。通过提供强大的任务调度和数据处理流程管理能力，以及对各种数据源的广泛读写适配，融合引擎实现大桥运维数据的统一管理和高效利用，为业务分析和决策提供强有力的支持，加速港珠澳大桥运维业务的数字化转型进程。

3.4 海量存储及计算弹性伸缩技术

智联平台数据中枢引入了多种存储引擎，各种存储引擎有各自的资源管理方式，其可扩展性差异较大，存储的扩容能力受到存储引擎短板的限制。随着业务的不断演变，数据构成可能发生变化，各种存储引擎容量的需求比例也会改变。同时，数据规模增长也带来数据计算需求的增长，计算资源需要与存储资源能够匹配扩展。因此，建立统一协调存储与计算资源的全分布式架构，是需要解决的关键技术问题之一。数据中枢建设需要研究基于硬件基础设施和资源管理接口的全分布式架构,在统一框架之下进行各种资源的协调管理,来有效解决数据中枢整体的水平扩展性和动态适应性问题,确保有效支撑整个项目业务的数据及计算水平,同时有能力为将来的资源需求建立可扩展的基础。

针对一体化管理的要求,智联平台数据中枢通过扩展大量独立硬件,能够达到的存储和计算能力理论上没有上限。扩展性的本质,在于将分散的资源有效管控起来,以高效且一致的方式应对大规模负载,并将资源的消费请求分发到不同节点进行处理。

在智联平台数据中枢的分布式存储系统中,存储负载可以分为实体数据存储和元数据存储两部分。实体数据的存储扩展存在自然的线性特征,即基于分布式存储以及物理介质集群的扩展特点,实体数据可以存储在水平扩展的任意节点上,只要其存储信息由元数据有效记录即可访问及操作。元数据管理实体数据块的大小、位置、创建更新时间、校验码等,也为数据的分区、多备、一致性、索引等功能提供支撑。一个海量存储系统的元数据存储量也相应很庞大,不同的分布式存储引擎对元数据也有不同的存储和管理方式,例如有的由有限节点完成,容易成为分布式存储的扩展瓶颈;有的和实体数据一起存储,通过一致性哈希方式寻址,存在不支持动态扩容的问题。

目前智联平台的异构数据存储依赖多种存储引擎,各种引擎管理方式也是千差万别,随着业务的不断演变,对数据的存储计算能力也需要适配数据规模的增长。因此,建立统一协调存储与计算资源的全分布式架构能从根本上解决资源和计算扩容等问题。去中心化的全分布式底层框架具有多种优势,去中心分布式框架的设计使得它能够轻松地扩展到大量的节点上,从而提高系统的性能和容量,由于没有中心节点,因此不存在单点故障,系统可以水平扩展以满足日益增长的需求;去中心分布式框架使用多个节点来处理信息,从而增加了系统的可靠性,即使某些节点出现故障,其他节点可以继续工作,确保系统的正常运行。这种冗余设计提高了系统的可用性和稳定性;去中心分布式框架中的节点都有自己的数据存储和计算能力,可以独立地执行任务和处理数据,这种设计使得节点可以自主地工作,减少了对于中心节点的依赖,提高了系统的自治性。

为了容纳和管理多源异构数据,智联平台数据中枢引入了各种数据存储引擎、计算引擎、中间件等。在港珠澳大桥运维场景中,多样化的数据在整个生命周期中不断积累,导致平台扩展的复杂性增加。智联平台数据中枢实现了去中心化的 RNS(资源名称系统),可以普遍管理任何相关资源的解耦和扩展。通过集成分布式哈希表、Raft 分布式共识算法和纠删码,解决了分区、复制、冗余、路由、共识等通用资源分配问题,从而突破了混合数据平台整体的横向扩展瓶颈。随着硬件资源的增加,该方法理论上支持扩展到 EB 甚至更高的级别,RNS 统一调度架构,并具备完整的生命周期,包括资源创建、资源组合、资源消费、资源更新、资源销毁等。

3.4.1 资源名字系统

资源名字系统(Resource Name System,简称 RNS)是数据中枢系统实现异构资源弹性扩展的基础系统。在这里,智联平台数据中枢将基础资源定义为可控、松耦合、支持依赖的基本消费单元。可控要求能通过控制基础资源实例的伸缩来获得不同级别的消费吞吐量;松耦合要求基础资源伸缩不产生附加资源的浪费;支持依赖即允许某项基础资源的扩展以另一项基础资源的扩展为前提条件。

智联平台数据中枢将普通资源拆分成基础资源的过程,包括了不同类型资源的解耦和同类型资源的隔离。与微服务的理念类似,将资源打散、细化粒度,有助于资源解耦;在解耦的同时,同类资源要通过隔离来减少资源争用,便于统一调度。例如,将物理机节点作为一个可拆分资源,该节点可以使用虚拟机、容器等进行资源隔离,然后算力、存储、网络 IO、执行环境、应用、服务等都是可拆分的下级资源。算力可以继续拆分为 CPU、GPU、NPU、TPU、FPGA 等,以及核心数、进程数、线程数、协程数的配额隔离等。存储也可以拆分为 HDD、SSD、内存,以及细分的块存储、对象存储、键值对、关系库等。进行合理深度的资源解耦以及指定范围的资源隔离,最终得到所需的基础资源,如图 3-13 所示。

针对港珠澳大桥运维场景的多种异构业务数据库,智联平台数据中枢构建以分布式数据库为核心的基础资源初步拆分。针对业务场景的不同智联平台数据中枢为各业务系统提供分布式数据库,通过一致性算法协调多个业务系统单体数据库引擎,其资源管理具有在跨海集群运维场景下的典型性。

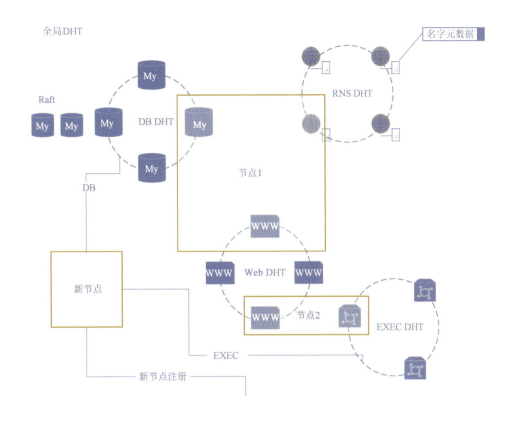

图 3-13　基于 RNS 资源名字系统的分布式资源管理

如果业务需要的计算和存储资源比例相对稳定,那么按比例配置的单体数据库本身可以作为基础资源。单体数据库作为基础资源时,因对磁盘 IO 隔离要求高,通常以物理机或虚拟机的形式扩展。如果业务系统要求单体数据库可以启动多个进程实例来提供服务,则进程实例可以作为基础资源。进程实例的启动、状态获取和销毁,可以作为执行器基础资源。如果业务系统要求单体数据库能够采用共享存储,则共享存储可以作为基础资源。如果业务系统要求单体数据库有独立的查询层,能够接收查询请求并从其他单体数据库获取数据合并返回,则查询服务也可以作为基础资源。查询服务通常以容器隔离的形式扩展。

业务系统单体数据库的 CPU、内存不能独立对外提供可消费的服务,因此不继续拆分。

支持业务系统单体数据库运行的应用程序、配置、运行时等,其建立、更新和销毁也可以进行资源化管理,用于将单体数据库扩展到一个全新环境。

智联平台数据中枢的分布式数据库能够协调多个单体数据库,那么同样道理，将众多其他类型资源拆分后进行统一协调管理，可以构建一个面向所有基础资源的全分布式框架。该框架解决的问题是通过各种粒度下的资源分配调节，让系统整体处于最佳资源消费状态，并通过资源伸缩去匹配消费吞吐需求。

RNS 管理了智联平台数据中枢所有资源的元数据，为防止出现 RNS 的单点失效，需要实现 RNS 服务自身的分布式存储及计算。资源元数据的存储与路由计算分离。其中，资源元数据存储采用了分布式的键值对数据库，元数据信息存储在哪个节点，同样由资源的路由计算结果决定。路由计算由 RNS 服务执行，而多个 RNS 服务分布在不同计算节点上，提供负载均衡的路由访问。RNS 服务之间，通过内网广播互相检查健康状况、自主协调 RNS 服务数量，以确保服务能力。这样，RNS 服务能够动态启动终止，在多个节点之间自动迁移，从而实现资源管理的去中心化。

3.4.2 资源分片与复制

智联平台数据中枢的环状资源网络（以下简称"资源环"）是基于分布式哈希表（Distributed Hash Table, DHT）构建的资源分片管理网络。为了提高系统的容量，将资源水平切分，由不同的节点来管理，也就是资源分片。DHT 是资源分片的一种方式，在负载均衡、分布式存储、P2P（Peer-to-Peer，点对点）网络中应用广泛。DHT 网络中的每个节点均负责小部分资源路由和资源信息存储，从而在没有中心服务器的情况下实现整个 DHT 网络的寻址和存储。

常规基于哈希的资源分布，是将资源键的哈希值按节点数量取模获得。由于哈希值分布均匀，经过取模后资源落在各个节点上的概率也比较均匀。但这种方式不利于持久化资源的水平伸缩，因为节点数量的变化会改变取模的结果，导致资源分布的大范围变化，对于持久化存储的资源，就会产生节点之间的大量资源迁移。因此常规哈希分布多用于无状态资源的负载均衡。智联平台数据中枢的一致性哈希算法建立了一个首尾相连的数值环，环的取值范围即该环的键空间。将资源键的哈希值对键空间容量取模，得到的结果值可以对应环上的某个位置，而资源就由离该位置最近的下一个节点托管。多个资源节点被映射到环上的多个不同位置，管理不同的键范围，即为键分片。如果增加或者移除一个节点，仅影响该节点在哈希环约定方向上相邻的后继节点，其他资源节点也不会受到影响。但 DHT 环的键空间容量非常大，资源节点少的话容易分布不均，而且新节点的加入只是分担了下一个节点的负载。为解决这个问题,资源节点建立众多虚拟"分身"节点,托管到虚拟节点的资源再映射到实体节点。"分身"越多,在 DHT 环上分布越均匀,最终使资源分布更加均匀。资源环管理了同类型基础资源的集合。首先,所有独立的物理机、虚拟机或容器作为实体节点加入一个全局实体资源环,称之为 Entity DHT 网络。一个实体节点可以提供多类型的基础资源服务。在实体资源环的整体协调下,任一实体节点所包含的资源角色可以动态变迁,因此任一基础资源能够在整个 Entity DHT 网络中扩展以增加服务能力。另外,相同类型、跨实体节点的基础资源另行加入分类资源环中,称之为 Resource DHT 网络,通过对资源相关信息(如资源 URI)的哈希值,来决定某部分资源分片由环中具体哪个节点负责。异构资源如果接口形式相同、提供同样的服务,可以加入同类型的资源环,其资源差异信息作为元数据或资源标签存储。资源环提供资源节点规模伸缩以及单资源节点内部吞吐的配额管理,并提供列表和详情页面对数据运维人员进行展示,如图 3-14 所示。

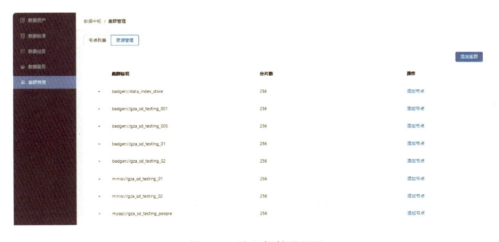

图 3-14 资源组管理界面

备份资源组是智联平台数据中枢基于 Raft 分布式共识算法(或称分布式一致性算法)构建的基础资源储备集合。这里的一致性是指多个拷贝之间建立共识、达成一致;而前一节中 DHT 的一致性主要体现在哈希映射的结果保持稳定,以减少资源迁移。随着港珠澳大桥运维业务的逐渐复杂化、综合化,整个环境中资源节点发生故障的情况就会越来越频繁,因此需要利用资源冗余来保障分布式系统的可靠性。但当资源存在多个拷贝的情况下,在不同时机,各个拷贝有不同的外部交互和故障可能,进而会产生差异,这就涉及多副本的一致性问题。分布式共识算法可以保证分布式系统中多个资源节点的信息或状态达成一致，以便对外提供确定性的服务，并在故障发生时快速进行备份资源切换。Raft 是比较容易理解、工程上容易实现的分布式共识算法，在分布式存储中、区块链中运用广泛。

  备份资源组中资源的多拷贝在非选举期间分为领导节点（Leader）和跟从节点（Follower）；领导节点所做的决策会更新任期日志（Log Entry），并同步到其他节点；领导节点在任期（Term）内向跟从节点发送信令以维持领导权；如果跟从节点未收到领导节点的信令，在选举时间超时后会转变为候选节点（Candidate）并发起选举；拥有更新任期记录及日志记录的候选节点优先获得选票，获得多数票的节点当选为领导节点并更新任期。领导节点负责对外服务，也可以协调跟从节点提供对外服务，实现部分负载均衡和高可用能力。没有持久化信息的无状态资源节点，其所在的 DHT 资源环已经具备高可用性，所以不需要提供额外的备份，也不需要就某个决策达成共识，这种情况下就不需要使用备份资源组。举例来讲，数据处理算法、数据接口，都可以作为无状态服务，仅使用 DHT 扩展。针对存储持久化信息的有状态资源节点，Raft 备份组与 DHT 资源环可以融合作用。Raft 备份组的每一份资源拷贝都可以加入 DHT 资源环，建立 Sharding 和 Replication 两个存储区域，既承担部分资源分片的服务，又承担其他节点资源分片备份的责任。与 DHT 资源环融合时，Raft 备份组生成一个本组共有的浮动 ID，当组内发生节点故障导致领导节点变更时，不会影响浮动 ID 的值。因此，该 ID 具有稳定性，可用于 DHT 资源环的哈希映射，即 Raft 备份组整体相当于 DHT 资源环上的一个独立节点。由于 Raft 备份组具备高可用能力，备份组整体作为 DHT 资源环中的独立节点时，发生节点失效的概率大大降低，从而减少了资源分片的故障迁移。当资源信息以数据形式描述时，资源多备意味着数据的冗余。纠删码（Erasure Code，EC）通过对 M 个分片数据进行校验计算，生成 N 个校验分片，能够在不高于 N 个分片失效的情况下恢复数据。与资源多备的完整复制相比，纠删码能够以更小的冗余度获得同样的数据可靠性，是一种用计算消耗换取存储消耗的方式。作为资源多备的替代，纠删码显著地提高了存储效率。但由于纠删码需要更多的数据计算，在 IO 读写能力、数据恢复性能上并不占优。因为纠删码在写入时涉及数据校验，而且可能会产生写惩罚，在读取时又需要跨多节点读取多分片后再进行数据拼接，其中任一节点时延过高，都会影响整体性能。而多备只需要读取一个完整的分片,不涉及节点的数据拼接。因此,纠删码可用于大规模数据类资源的存储,而多备用于状态信息及热资源的存储。

3.4.3 资源路由与消费

基础资源路由是指通过统一资源标识符定位到对应的基础资源,并以此对基础资源进行有效的访问和管理。基础资源路由是资源开放、共享和统一调度的基础。

智联平台数据中枢通过建立 RNS,可以存储统一资源标识符与资源访问地址的映射。RNS 本身也作为一种基础资源,建立 RNS 资源环和 RNS 备份组,提供映射信息的分布式存储和高可用访问。Entity DHT 网络中的每个实体资源可以包含多种基础资源服务,每个基础资源向 RNS 注册,加入同类型的 Resource DHT 网络,提供本资源创建、更新、销毁的接口信息,被分配部分资源分片,最后保存接口及分片信息到 Sharding 存储区。同时,如存在多拷贝需求,该基础资源同时申请加入临近(通过哈希映射计算距离来选取)资源相应的 Raft 备份组,在备份组领导节点的协调下同步其他分片信息到 Replication 存储区。基于消费吞吐量的趋势变化,DHT 资源环会调用资源节点的创建、配置、读写、销毁等接口,实现动态伸缩。创建接口通常包括用于初始化运行环境,例如执行应用程序安装或容器镜像拉取,默认配置,应用服务启动等;配置接口用于动态更改资源节点配置,由资源节点内部响应配置变化;读写接口用于资源消费和存储;销毁接口用于结束资源服务、清理运行环境,以减少资源浪费。数据中枢集群管理如图 3-15 所示。

图 3-15 数据中枢集群管理

当多个业务系统要对某项资源进行访问时,智联平台数据中枢首先提供资源 URI,该 URI 经由 RNS 服务寻址,基于资源域名找到提供服务的 DHT 资源环,基于资源相对路径找到提供服务的具体资源节点,然后调用资源读写接口返回信息。由于资源访问可以级联,即一个资源读写接口可以访问其他的资源读写接口,通过记录访问链就能对资源获取过程进行溯源。这个溯源过程由保存在 DHT 资源环中的元数据来提供,在基础资源注册的时候提交,通过资源配置接口更新。另外,资源接口调用的统计信息也保存在 DHT 资源环中,包括调用次数、调用链深度、时间消耗、负载评估等信息,形成记录和评估系统运行的关键度量数据,用以支持可视化运维和动态调度。

3.5　智能化数据综合治理

不同的数据也具有不同的价值,通常影响价值的因素包括使用率、关联度、时间、变化率等。数据存储的方式又会有不同的硬件成本和维护成本等。智联平台数据中枢的数据存储的经济性是重要的研究目标之一。数据中枢建立基于数据价值的数据存储及管理经济性评估模型,即根据数据价值评估结果来动态决定数据的存储形式和生命周期,以及在合理的生命周期规划下预测各类型存储的容量需求,同时评估为维护数据价值应付出的成本以及合理控制成本等,从而实现既符合业务需要,按需规划,又有指导性且经济可行的技术方案,有效地支持大桥的智能化运维。特别是在港珠澳大桥这样的数据规模下,对其进行价值评估、容量预测、成本控制将带来巨大的经济和社会效益。

另一方面,智联平台数据中枢通过分析数据热度分层问题,即如何根据数据操作信息的反馈来评估数据热度,主动调整优化数据的划分,来提供更好的数据操作接口性能。数字港珠澳大桥需要一个统一的数据检查和操作交互接口以满足一体化数据管理和运维要求,以支持港珠澳大桥应用的数据需求。数据管理及数据运维业务系统需要分析各种业务数据的数据治理需求,建立数据治理的用户界面,包括数据检索与迁移、元数据与主数据管理、数据结构管理、数据质量管理、数据血缘管理、数据热度分层、数据标准的应用、数据价值评估、数据权限管理、数据生命周期管理等。

此外,智联平台数据中枢还建立数据平台的运维管理界面,完成各项数据运维操作,包括支持大桥各类应用存储容量伸缩、节点功能管理、统一日志管理、集群内部服务管理、大桥应用的资源配额及优先级管理、各类应用的用户数据权限管理等。为了提高数据平台的成本效益,系统还需要建立基于数据价值的数据存储及管理经济性评估模型,以动态决定数据的存储形式和生命周期,并预测各类型大桥应用的存储容量需求。

3.5.1 数据标准管理

数据标准管理包括对数据信息分类、公共数据元以及业务元数据的管理。通过构建数据标准管理流程,智联平台数据中枢支撑了复杂业务系统的数据集成及融合应用,基于数据标准的多业务数据集成管控对于数据中枢意义重大,如图 3-16 所示。智联平台数据中枢的数据标准采用文件导入是一种行之有效的途径,可以实现批量而高效的标准化操作。

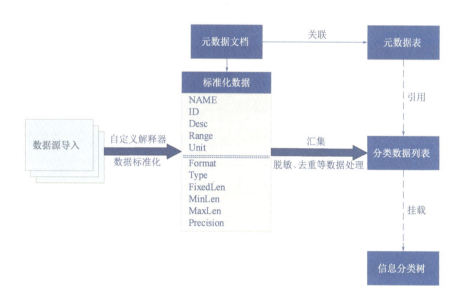

图 3-16 数据标准管理流程

智联平台数据中枢利用页面表格表单,能够以直观友好的交互形式进行数据标准的修改或小批量数据标准的在线创建。

系统管理员或相关负责人能够在保持数据一致性的同时,迅速更新和调整数据标准,确保数据管理的规范性和及时性,有助于提高整个数据管理体系的效率和可维护性。

数据标准要素审核是一个至关重要的环节,鉴于标准的广泛影响,任何数据标准要素的变更都需经过严格的审核程序,以确保其合理性和符合业务需求,其审核流程如图 3-17 所示。审核过程中,高权限用户对标准要素的提交进行仔细审查,保障标准的质量和稳定性。

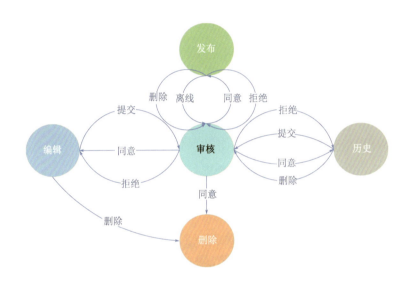

图 3-17　数据标准审核状态流转

智联平台数据中枢根据标准要素状态分为编辑、审核、发布、历史和删除五个阶段。在编辑阶段,用户可以自由创建或编辑数据标准要素,满足个性化需求。审核阶段由高权限用户负责,确保标准要素的合规性和准确性。一旦通过审核,标准要素即刻发布,投入到生产使用中,实现了标准的快速应用。历史阶段用于临时保存下线的标准要素,方便追溯和查询历史记录。删除阶段则从数据库物理删除相关信息,保证数据的清洁和安全。针对数据标准的全生命周期,智联平台的数据中枢提供了可视化的管理界面,如图 3-18 所示。

智联平台数据中枢通过这一完善的数据标准要素管理流程,不仅提升了标准的质量和可靠性,同时也加强了对标准要素的监控和维护,确保数据管理体系的稳健运行。

图 3-18 数据标准管理界面

3.5.2 数据资产管理

智联平台数据中枢的核心竞争力在于其数据资产总览功能，这一强大工具赋予管理人员前所未有的能力，能够迅速洞悉全桥数据的综合态势。它不仅是一扇窗口，更是一个深度洞察与决策支持的中心，让数据管理变得高效且直观。

首先，该功能通过详尽展示数据类型分布，为管理者绘制出一张清晰的数据地图。各类数据如内存缓存、数据库记录、消息队列内容以及文件存储等，均按存储引擎分类呈现，不仅概述了每种类型数据的占比，还支持用户深入探索至具体的存储引擎层面，实现了从宏观到微观的无缝过渡，极大提升了数据管理的精细化水平。

在存储统计与容量统计方面，智联平台采用动态可视化技术，直观展示了各类存储资源随时间推移的增减趋势。这种时间序列分析不仅帮助管理者把握当前存储资源的分配状况，还能够预判未来的存储需求，为硬件扩容、软件升级及系统优化提供科学依据。更进一步，其容量预测功能，通过对存储介质未来趋势的预估，为长期规划铺设了坚实基础。

服务器健康状态的实时监测，则是确保数据服务稳定性的关键一环。通过集群管理界面，管理人员可以一目了然地看到每个节点的运行情况，包括数据服务的任务状态、存储阈值接近度、节点故障情况、服务失败率以及集群的负载均衡状态。这种即时反馈机制，为迅速响应潜在问题、维持服务连续性提供了可能。

对于数据的利用效率和价值评估，智联平台同样不遗余力。通过"数据热度"分析，基于固定时间段内数据服务接口的使用频率，以图表形式直观展现了哪些数据最为活跃，辅助决策者识别核心数据资产。而"数据重要程度"评估则揭示了各系统间数据共享的程度，为数据治理策略的制定提供了实证基础。

此外，平台还重视数据的质量与标准化。数据标准符合度评分和数据质量评分机制，基于元数据的规范性和数据属性的准确性，通过算法自动计算，为数据治理提供了量化指标。这些评分系统，结合数据血缘分析，共同构建了一个全面的数据健康管理框架，确保数据的准确、可靠及合规使用。

总览全局数据类型及实例、统计存储容量及预测增长趋势、监控集群节点健康状态，为智联平台数据中枢的管理人员提供了快速掌握全桥数据状态的入口。实施数据热度评分、数据价值评分、数据标准符合度评分、数据质量评分、数据血缘分析，为数据运维人员提供了重要的平台维护信息和决策依据。

综上所述，智联平台数据中枢的数据资产总览功能，不仅是一个数据状态的速览工具，更是集数据资产管理、健康监测、价值评估与质量控制于一体的综合平台。它为管理人员和运维团队提供了宝贵的洞察与决策支持，是驱动数据战略成功实施的核心动力。

3.5.3 数据任务管理

智联平台数据中枢支持通过业务系统使得港珠澳大桥的运维人员可以通过任务列表清晰地查看每个任务的当前状态，例如任务是否正在运行、已完成或发生错误。同时，任务列表还提供了上一次任务运行的时间戳，帮助运维人员了解任务的执行频率和稳定性。

任务列表、实时日志和历史日志的管理对于运维人员来说是确保系统正常运行和故障排查的重要工具。智联平台数据中枢通过跨存储介质和结构的大规模数据交换管网技术构建了这一功能，使得任务状态和日志信息能够在不同环节流动，保障了数据的高效传递和存储。

有向无环图（DAG）的数据处理流程，使智联平台数据中枢可以构建数据血缘图，用于展示数据的输入输出关系。数据血缘图是一种直观的可视化表示，显示了数据在整个处理过程中的流动路径。数据血缘图基于有向无环图，通过记录每个数据节点的输入来源和输出去向,形成一个清晰的数据流线图。每个节点代表一个数据处理步骤,有向边表示数据的传递方向。这样的图结构可以追溯数据的源头,了解数据在整个处理流程中的演变过程。

3.5.4 数据服务管理

智联平台数据中枢支持用户自定义的数据查询或数据处理流程,其结果可以发布为数据服务。这种能力使得业务系统开发人员能够灵活、快速地构建符合自身业务需求的数据应用,满足日益复杂的数据分析需求。在数据管理中,数据查询和处理流程的定制化需求非常普遍。例如,在港珠澳大桥的日常运维业务中,不同业务部门往往需要通过不同的业务系统对不同类型的数据进行分析,以支持各自的业务流程:工程维护团队需要对港珠澳大桥的健康状况进行持续监测,以制定有效的维护策略;而资产管理团队则需要追踪维修和维护的成本及进度,以优化资产管理流程。在这些场景下,用户自定义的数据查询和处理流程成为业务系统研发团队数据管理的关键。

数据查询与处理流程的自定义通常包括需求分析、数据源识别、数据查询与清洗、数据处理与转换以及结果发布与管理等步骤。首先,明确业务团队的数据需求、业务逻辑和目标,以制定清晰的查询和处理目标。在数据源识别阶段,需要选择合适的数据源,包括关系型数据库、NoSQL 数据库、数据仓库、流式数据源等。例如,在港珠澳大桥运维业务中,工程维护团队需要从监测传感器、巡检报告和维修记录等多种数据源中提取数据,以确保数据的准确性和实时性。接着,通过 SQL 查询、API 接口或自定义脚本获取原始数据,并进行数据清洗与预处理,确保数据质量。在此基础上,根据业务需求编写数据处理逻辑,进行数据聚合、关联、转换和计算,最终形成结构化的数据输出。处理后的数据结果可以发布为数据服务,供其他业务团队或应用系统使用,从而实现数据共享与复用。

将自定义数据查询或数据处理流程的结果发布为数据服务,有助于实现数据共享与复用,并通过统一的接口为不同业务部门提供一致的服务。在港珠澳大桥运维业务中,这一数据服务可以帮助工程维护团队更好地获取跨海集群工程的健康状态,资产管理团队能够高效追踪维修进度与成本,确保各部门之间信息流通顺畅。发布的数据服务需经过服务定义、服务注册、服务授权、服务监控和服务优化等环节,确保其安全性、稳定性和可用性。服务定义明确数据服务的输入参数、输出格式和业务逻辑,编写相关 API 文档,以确保使用者能够正确调用。服务注册将数据服务注册到目录中,方便其他团队发现和使用;服务授权则根据业务需求和数据敏感性设置访问权限,确保数据安全。此外,服务监控与优化能够通过监控数据和用户反馈,不断提高数据服务的性能和可用性。

将自定义数据查询和数据处理流程的结果发布为数据服务,可以显著提高数据的利用率和管理效率,为港珠澳大桥运维业务带来灵活性、复用性和可维护性。业务团队能够按需构建和调用数据服务,快速满足特定业务需求,同时减少重复建设和数据孤岛现象,并通过集中化的服务管理,方便地更新与维护数据服务。然而,自定义数据服务的建设也面临数据安全与合规性、性能与可扩展性以及技术门槛等挑战。因此,业务部门需要通过制定完善的数据管理策略,加强技术能力建设,持续优化数据服务的性能与安全性,更好地实现数据共享与管理的目标。

3.6 基于数据标准的多业务数据集成管控

数据标准体系是贯穿整个数据中枢的基础规范。数据中枢提供数据标准的制定、维护和应用能力,是与业务解耦的技术性支撑平台,而基于业务特征建立行业数据标准之后,则演变为以支撑业务系统为主的数据中枢,在此过程中数据标准贯穿全生命周期数据集成与管理,如图 3-19 所示。

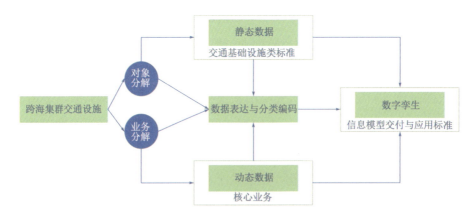

图 3-19 数据标准贯穿全生命周期数据集成及管理

在构建桥岛隧集群工程的基础设施和业务类标准时,重要的一环是确保数据的一致性和可持续性。通过建立全桥静态和动态数据的信息模型,可以实现对桥梁、人工岛、隧道等结构对象的高效管理和监控。这包括结构的物理特性、健康状况以及交通流量等动态数据的采集与分析。

在实现数据标准的过程中,信息分类是确保数据整体有序性的基础,通过对数据进行逻辑分类,使其更易管理和理解。通用表达规则则提供了一种一致的语法和结构,确保数据在不同系统和应用中的无缝交互。数据元作为不可再分的最小粒度,为数据提供了最基本的构建单元,使得数据的组织和管理更加精准和灵活。而元数据模型则对业务进行深入描述,为数据的含义和关联提供了清晰的框架,增强了数据的可理解性和可维护性。这四大要素共同构成了一个完整的数据标准体系,为数据标准的技术落地提供了强有力的支持,结构对象及业务单元元数据模型如图 3-20 所示。

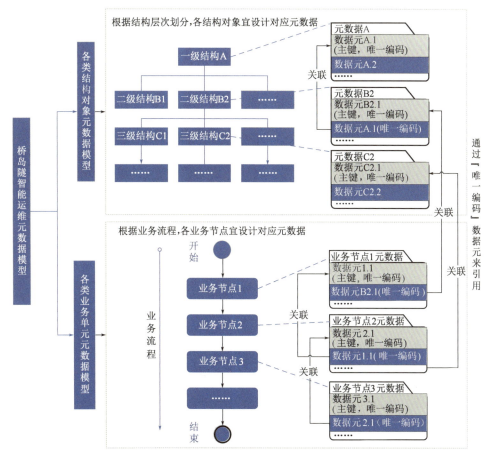

图 3-20　结构对象及业务单元元数据模型

在信息分类编码的过程中，结构划分不仅关注整体的组成，还着重于深入挖掘每个组成部分的属性和关联。通过详细定义每个部分的特征和功能，可以实现对结构的精细管理和监测，确保在数字孪生和智能化应用中能够准确反映实际情况。业务划分则需要考虑不同业务之间的依赖关系和执行顺序，以及它们与结构划分之间的相互关联。这包括业务流程执行的先后顺序、并行处理的可能性，以及业务执行结果对结构部分的影响。这样的深度划分为整体系统的优化和智能决策提供了更为精准和全面的信息基础。多层次的结构及业务分类编码划分，展现出天然的树状结构。分类编码允许其下级组织的整体操作，包括删除、移动、复制。

在数据元的定义中，确保其在同一业务领域具有唯一性至关重要。与数据库使用主键作为唯一标识相似，数据元应具有智联平台的唯一性，虽然在广域范围内名称或属性存在多样的表述方式，但在特定业务场景中 ID 作为一个数据元，应确保其在该领域内的独一无二性。这种唯一性保证了数据在不同系统和地域之间的一致性，为数据的跨业务系统应用提供了基础。同时，数据元的表示格式需要遵循通用规则建立的数据标准，以确保不同系统之间能够共享和交换数据，数据标准实际上规范了不同数据类型的构成、长度、范围等，使得数据在不同业务系统中都能够被正确解读和处理。这种规范性有助于避免因语言差异或存储格式不统一而导致的数据交流问题，从而提高了数据的可互操作性和可扩展性。

数据元代表了智联平台海量多源异构数据一体化数据管理系统中的抽象数据单元，它们不仅局限于传感器读数，而且可以包括跨海集群工程监测系统中各种数据，如结构参数、维护记录等。这种通用定义使得数据元在业务需求发生变化时能够保持不变，而只需进行相应的配置或映射，不必对系统的核心逻辑进行修改。数据中枢支持对数据标准本身的数字化管理，包括数据类目、分类代码、数据元、值域以及元数据信息的存储新建、查询数据元及其值域的变更、编辑修改及对数据元的制定、发布、离线等各类请求。编码分类是对数据元的一种分类，便于管理。数据元的组成以及值域是应用编码分类的。

统一元数据模型。元数据的关键作用在于提供了关于数据元的详细描述，包括类型、格式、来源等信息，使系统能够灵活适应新的数据类型或数据源的引入,而无须对系统代码进行烦琐修改,其逻辑关系如图 3-21 所示。这种动态适应性为系统带来了强大的可维护性和扩展性,使其能够轻松适应业务标准或数据源的变化。即使在业务标准或数据源发生变更的情况下,系统仍然能够保持正常运行,实现了业务标准与 IT 技术的解耦。

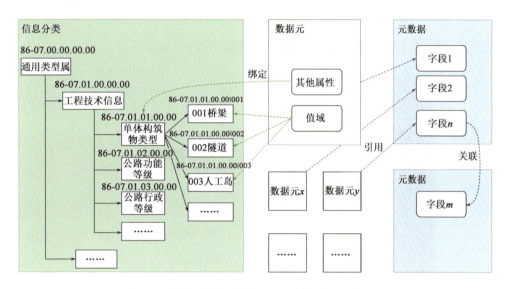

图 3-21　信息分类、数据元及元数据交互逻辑关系

通过元数据的使用,系统不再对特定数据类型或源进行硬编码,而是通过元数据的动态解释,实现了更高程度的灵活性和可配置性。这种解耦的设计使得系统更具适应性,减少了对于变化的敏感度,为业务的持续演进提供了坚实的技术基础。

数据项用于将相关数据元进行逻辑组织,以支持特定的分析或报告需求。数据项的使用允许系统管理员在不影响底层业务逻辑的情况下,根据实际需求创建新的数据项或进行配置。这种设计意义在于,业务的变化不会对系统的基础结构造成干扰,使系统更加灵活和可维护。

数据值代表了数据元的具体内容,它们包含了实际的业务信息。通过这种解耦方式,数据值与数据元的结构分离开来,这意味着即使数据元的定义变化,数据值仍然保持有效,从而降低了数据的耦合度。

业务系统以元数据表的形式提交标准,但由于各系统整理标准的分散性,导致公共数据元的统一整理缺失。为解决这一问题,我们采用自主开发的解析器,从元数据表中提取并整理出所有数据元。元数据表格主要包含名称、ID、描述、值域、单位等信息,而解析器的关键作用是处理通用表达规则,提取显示格式、数据类型、长度、精度等关键信息。

可视化数据建模是一项关键的任务,其核心在于创建和管理元数据模型。元数据模型是由一系列描述业务的字段构成的,这些字段可以是独立的元数据,也可以是多个关联元数据的集合,智联平台数据中枢提供了图形化界面的元数据可视化建模,将元数据描述和关联关系充分可视化,如图 3-22 所示。

图 3-22　元数据可视化描述与建模

这一模型的基本构建单元是字段,它是数据元的超类。字段引用了数据元,并添加了序号、约束、主键等属性,从而形成了一个详尽的元数据描述。

元数据可以涵盖多种形式,例如数据库表的结构、消息队列的 Payload、API 接口的输入输出结构等。通过可视化数据建模,用户能够以图形化的方式清晰地了解元数据模型的结构和关联关系。这样的可视化呈现使得业务人员和数据专业人员能够更加直观地理解数据元之间的联系,进而更高效地进行数据管理和分析工作。这对于保障数据的质量、一致性以及满足业务需求具有重要意义。

跨形态部署及访问。跨形态部署及访问是一种先进的数据管理策略,允许在多种存储引擎之间实现灵活而高效地部署。这种方法涵盖了各种存储形式,例如关系型数据库(如 MySQL)、列式数据库(如 ClickHouse)、消息队列(如 Kafka)、键值存储(如 Redis)以及文件系统(FS)等。通过实施跨形态部署,数据可以在不同的存储引擎之间自由流动,充分发挥各引擎的特性。

在这种环境下,通过部署好的数据实例,用户可以轻松访问多种存储引擎的数据。通过统一的接口或者数据访问层,用户可以规范地查询、更新和操作数据,而不必担心底层存储引擎的差异。这为港珠澳大桥业务系统的架构师和开发人员提供了更高的灵活性,使得系统能够更好地适应快速变化的业务需求,同时最大限度地发挥不同存储引擎的优势。

3.7　本章小结

本章讨论的是智联平台的数据底座,该数据底座是基于该项目的另一个研究成果数据标准构建的,所以形成了一个标准+技术+实施的综合性、完备、可扩展的交通基础设施的数据解决方案。本章对数据中枢的技术现状进行分析,结合最前沿的数据中枢构建方法论,结合具体实际提出了一整套交通基础设施数据基座的构建方法。首先是将数据标准进行落地,形成统一元数据模型;其次是针对交通基础设施的数据特点,对数据处理进行编排,形成了可配置的高性能数据处理流水线;第三是讨论了数据的存储和计算能力,这一部分是数据中枢真正的核心功能;最后提出了数据治理和数据集成的概念,紧紧围绕业务本身进行面向业务、面向未来的数据综合治理。

本章参考文献

[1] LUO C, CAREY M J. DynaHash: efficient data rebalancing in apache asterixDB (Extended Version)[J]. arXiv, 2021: 2105.11075.

[2] FAZIO M, CELESTI A, VILLARI M, et al. How to enhance cloud architectures to enable cross-federation: Towards interoperable storage providers[C]// 2015 IEEE International Conference on Cloud Engineering. IEEE, 2015: 480-486.

[3] YE M, WANG J, YIN J L, et al. Taming big data scheduling with locality-aware scheduling[C]// 2016 International Conference on Advanced Cloud and Big Data (CBD). IEEE, 2016: 37-44.

[4] SHIYAL B. Beginning azure synapse analytics: transition from data warehouse to data lakehouse[M]. Berkeley, CA: Apress, 2021.

[5] YANG C T, LIEN W H, SHEN Y C, et al. Implementation of a software-defined storage service with heterogeneous storage technologies[C]//2015 IEEE 29th International Conference on Advanced Information Networking and Applications Workshops. IEEE, 2015: 102-107.

[6] SHANKAR V, LIN R. Performance study of ceph storage with intel cache acceleration software: Decoupling hadoop mapreduce and HDFS over ceph storage[C]//2017 IEEE 4th International Conference on Cyber Security and Cloud Computing (CSCloud). IEEE, 2017: 10-13.

[7] RODRIGUES R, LISKOV B. High availability in DHTs: Erasure coding vs. replication[C]//International Workshop on Peer-to-Peer Systems. Berlin, Heidelberg: Springer Berlin Heidelberg, 2005: 226-239.

[8] WEI X T, CAO T F, WU W W, et al. A distributed resource access algorithm based on DHT[J]. Journal of Computers, 2017, 28(4): 189-196.

[9] WANG L, CHEN X B, LI W F. Research and design of distributed key-value storage system based on Raft consensus algorithm[C]//Journal of Physics: Conference Series. IOP Publishing, 2021, 1856(1): 012018.

[10] HUANG D Y, MA X L, ZHANG S L. Performance analysis of the raft consensus algorithm for private blockchains[J]. IEEE Transactions on Systems, Man, and Cybernetics: Systems, 2019, 50(1): 172-181.

[11] LI J W, JIAN X Y, XIE J, et al. Massive multi-source heterogeneous data platform with EB-level expansion[C]//Proceedings of the 2023 International Conference on Artificial Intelligence, Systems and Network Security. New York: ACM, 2023: 194-200.

[12] DAGEVILLE B, CRUANES T, ZUKOWSKI M, et al. The snowflake elastic data warehouse[C]//Proceedings of the 2016 International Conference on Management of Data. New York: ACM, 2016: 215-226.

第 4 章

多业务异构服务协同调度技术

智联平台作为支撑多业务系统的核心基础平台，面临复杂异构系统集成这个信息系统构建领域中的长期挑战，其核心在于如何构建一个既可靠又高性能的复杂信息系统架构。智联平台通过容器云技术，结合异构服务编排、故障检测与隔离、异构系统协同调度这三个功能，形成智联平台业务系统集成框架，为异构业务系统提供了统一的运行环境，在此基础上提供了故障检测模型和隔离处置功能，实现了多个业务系统之间的互联互通与资源调度。

4.1 基于容器技术的统一技术架构

4.1.1 智联平台协同调度系统的需求与挑战

在业务数字化的过程中，港珠澳大桥运维各业务系统已经完成了物理机虚拟化的工作，即保证各业务系统能够在虚拟化运行环境下正常工作。虚拟化技术在一定程度上降低了各业务系统的运维复杂性，提升了资源的使用率。然而，虚拟化技术仅解决了计算基础的问题，对于业务系统的研发来说，仍然面临许多挑战和难题，这需要建立一个更加灵活和高效的环境来支持业务的持续更新和迭代。

港珠澳大桥运维业务系统的稳定性和响应效率是智联平台的关键指标。为了提升业务系统的稳定性和响应效率，需要建立强大的计算基础和应用监控系统，及时发现和解决问题，保障业务的正常运行。具体可以从以下方面来提升稳定性和响应效率，比如机电系统和结构健康监测的传感器需要保证实时的数据采集，实时性高就要求后台业务系统有较高的响应效率；告警与交通事件系统则需要维持 24 小时不间断运行，对稳定性的要求很高；桥岛隧评估需要大规模的计算和分析，出现服务故障会导致分析流程中断，分析中断则导致资源的浪费和结果的延迟。

港珠澳大桥运维业务系统的规模复杂，组件间的耦合度高，这使得应用的开发、测试、发版和升级变得复杂。庞大的部署架构使得业务系统的开发、测试、发布和升级过程中面临着许多困难和挑战，例如部署时间长、风险高、资源浪费等。为了解决这些问题，需要建立统一的应用编排和管理平台，通过自动化和标准化的方式来管理应用的生命周期,提高开发、测试和发布的效率。

计算基础的薄弱也是智联平台协同调度系统所需要解决的问题。传统业务部门往往缺乏支撑快速迭代的开发环境,导致资源分配效率低下。此外,生产环境缺乏监控手段和灵活性,会限制业务系统的扩展和迭代。因此,需要建立稳定可靠的基础设施环境,采用云计算和虚拟化技术,提高资源的利用率和响应速度,支持业务的快速迭代和创新。

数字港珠澳大桥建设中面临业务系统众多、架构差异显著的问题。智联平台协同调度系统需要集成大桥运维管控的多个业务系统,每个系统业务情况不同,架构差异显著。集成用到的技术涉及操作系统、软件架构、消息中间件、前后端、各种编程语言等,集成的业务涉及机电、路政、结构、防船撞、混凝土结构、钢结构、AI 视频处理等。当把如此多的业务通过各种不同的技术融合到一起,并且要保证安全、高效、稳定地运行,其难度可想而知。另外在业务集成的基础之上,还需要把业务用好,使其真正服务于大桥的运营维护。为了使集成实现 1 + 1 > 2 的效果,还需要完善不同业务之间的联动、调用、融合。我们按照"业务集成、数据融通、协同调度、智能决策、立体管控"的思路,重点突破多源异构服务集成、混合负载协同调度关键难题,提出了基于容器网格的服务集成技术和面向多负载类型的智能协同调度技术,通过对服务的统一集成、管控、治理解决异构服务的互联互通问题,同时,提出基于云雾融合的业务集成技术,通过对业务的统一集成、管控解决桥岛隧多业务场景下数据转发、业务调用、场景联动等协同调度问题,支撑数字港珠澳大桥的安全、高效、稳定运行。

4.1.2 智联平台协同调度系统的技术路线

智联平台协同调度系统采用容器技术构建,是一种建立在轻量级、独立和可移植的软件执行单元,智联平台协同调度系统采用容器技术构建业务系统的运行环境,用于打包和运行业务系统本身及其所有依赖项。智联平台协同调度系统将应用程序和与其相关的运行时环境、库、配置文件与依赖项打包到一个独立的容器中,使其可以在不同的环境中以相同的方式运行。

相对于传统的虚拟机,智联平台协同调度系统需要更少的资源(如内存和存储空间),可以实现秒级启动,同时容器提供了一种隔离的执行环境,使应用程序在容器内部运行时相互独立，不会互相干扰。每个容器都有自己的文件系统、进程空间和网络接口，与主机和其他容器隔离开来。这种隔离性确保了容器之间的安全性和稳定性，即使一个容器出现问题，也不会对其他容器或主机造成影响。

容器化技术使得智联平台协同调度系统为业务系统带来了环境一致性。容器将应用程序和其依赖项打包在一起，创建了一个独立的容器环境。

智联平台协同调度系统最显著的特点是具有高度一致性和可移植性。容器化技术将应用程序和其依赖项打包到容器镜像后，可以轻松地将应用程序部署到任何支持容器引擎的环境中进行部署和运行，而无须担心底层系统的差异。容器化技术还使得应用程序的扩展变得容易，随着港珠澳大桥运维业务的扩展，各业务系统可以通过启动多个容器实例来处理更高的负载，而无须手动配置和管理底层的硬件或虚拟机。

智联平台协同调度系统实现了容器编排，即自动化容器应用的部署、管理、扩展和联网的一系列管控操作，能够实现任务的控制和自动化，包括调度和部署容器、在容器之间分配资源、扩缩容器应用规模、负载均衡以及监视容器和主机的运行状况等。首先是集群管理与基础设施抽象，容器编排系统能够将多个虚拟机或物理机构建成协同运行的集群，并将这些硬件基础设施抽象为一个统一的资源池，这样，用户可以将精力集中在应用程序的开发和管理上，而不需要关注底层基础设施的管理细节；其次是通过容器编排系统获得资源分配和优化的能力，用户可以基于配置清单中指定的资源需求与现实可用的资源量，利用成熟的调度算法合理调度工作负载，系统可以根据资源的利用情况和应用的需求，自动分配和优化资源的使用，确保每个容器获得所需的资源，并最大化整个集群的资源利用率。

快速灵活的应用部署能力是智联平台协同调度系统容器编排技术的另一个主要功能。容器编排系统支持跨主机自动部署容器化应用，用户只需定义应用程序的配置清单和依赖关系，系统就可以根据这些信息自动将应用程序部署到合适的主机上。同时，系统还支持多版本并存、滚动更新和回滚等机制，方便用户进行应用程序的版本管理和更新。通过结合服务治理的方法和容器编排技术，港珠澳大桥运维方可以更好地管理和控制分布式系统中的各种服务，实现可靠、可扩展和高性能的应用程序交付和运行环境。容器编排系统的自动化能力和资源优化策略可以减轻运维工作负担，提高开发、测试和部署的效率，同时保障应用程序的稳定性和可用性。

智联平台协同调度系统容器编排系统可以根据用户设定的规则和策略，自动或手动地伸缩应用实例的规模。系统可以根据应用程序的负载情况和资源利用率，动态调整容器的数量和规模，以满足不同工作负载需求，提高应用程序的弹性和可扩展性。容器编排系统支持为各个业务系统进行访问隔离的同时提供互联互通的能力。通过将不同的容器分组和隔离，系统可以确保应用程序之间的资源互相独立，避免因一个应用程序的故障或资源需求过大而影响其他应用程序的正常运行。容器编排系统还可以通过状态监测和应用重构等机制，确保服务始终健康运行。系统可以实时监测容器和主机的运行状态，及时发现并处理容器的故障，保证应用程序的可用性和稳定性。当发生故障或异常情况时，系统可以自动进行容器的重启、迁移或重新创建，以实现快速恢复和故障容错。

构建一个统一的协同调度平台，实现承载各种不同类型业务系统的运行与协同、实现多异构系统的集成和展示，包含大桥智联平台统一门户业务系统、异构系统互联互通系统、业务平滑升级与扩展系统、智能化平台服务治理系统等多个业务系统，以及服务高可用保证模块、服务动态编排模块、服务配置管理模块、服务日志管理模块、服务插件管理模块、服务生命周期管理模块等多个独立的功能模块。各模块协同交互，实现了"实时展示港珠澳大桥内外运行状态及参数"和"所有历史数据可查询追溯功能"两个关键指标。

针对港珠澳大桥智联平台建设中面临的运维业务类型繁多、业务逻辑复杂等情况，研究面向多负载类型的异构服务协同调度技术，对不同业务系统的多种接口、消息通道、服务等进行统一管控，实现复杂异构系统的互联互通。研究内容包括面向多负载类型的智能协同调度平台和基于容器网格的服务集成支撑平台两大系统平台。其中，面向多负载类型的智能协同调度平台包括的业务系统有协同调度引擎、多系统下统一权限管理服务、统一门户web服务、实时海量日志业务系统等；基于容器网格的服务集成支撑平台中包括的业务系统有多集群管理服务、监控应用日志服务、平台监控报警服务、负载均衡服务、中间件管理服务、弹性伸缩服务等。在研发智联平台统一技术架构中，实现业务系统轻量级、松耦合、规格化部署，形成业务模块可复用、可扩展和模块化插拔。

智联平台协同调度系统基于容器云架构的服务集成支撑平台构建,包括基础服务治理容器云平台和智能运维业务系统,最终形成统一服务运行规范,为多源异构服务的上云形成理论基础和技术支撑,实现应用实例部署、应用更新、健康检查、弹性伸缩、自动容错等能力,其架构图如图4-1所示。

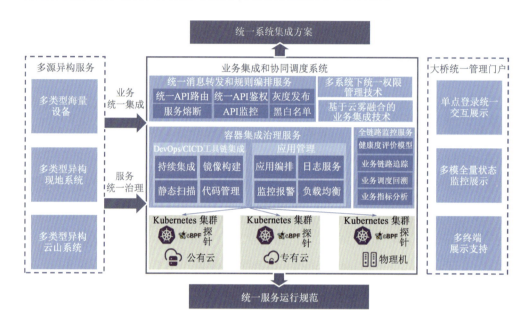

图 4-1　智联平台协同调度系统架构图

容器管理是智联平台协同调度系统的核心模块,包括四个内容,即容器的资源隔离及监控、容器监控检查及自愈、离线迁移、容器网络带宽控制。容器的资源隔离及监控主要研究通过对容器 CPU、内存资源的最大上限资源指标配置,实现对容器资源的限制,隔离对其他容器的影响。容器监控检查及自愈研究通过给容器增加探针的方式实现 exec、HTTP、TCP 等多种检查机制,发现容器的健康问题进而重启或者隔离问题容器。离线迁移主要研究当集群主机故障或者停止,能够自动将故障主机上的容器及应用迁移到正常服务的主机上,研究如何通过调度算法寻找相对最合适的主机。容器网络带宽控制研究如何监控容器的网络配置,动态实现网络带宽控制,研究如何让用户来控制容器带宽,实现自定义容器上行及下行带宽。

基于服务网格的容器治理针对基于谷歌开源的服务网格框架 Istio 实现提供平台无关,语言无关,轻量无入侵的微服务容器治理方案。智联平台协同调度系统实现跨语言服务治理、分流、可观测,跨语言服务治理主要研究如何实现服务网格具有与语言无关的特点,可以支持多种语言应用的统一治理;分流主要研究按 HTTP Header、Url、权重三个维度进行调度流量,用户可以使用该特性实现灰度分布、蓝绿部署等功能;可观测研究服务网格通过代理采集度量数据发往 Mixer 及后端支持观测平台,实现对业务系统的实时监控。

镜像仓库管理针对基于 Docker 原生镜像仓库构建镜像管理以及运维功能的企业级镜像仓库。实现对镜像仓库权限控制、镜像远程同步、集群下的高可用性等功能。镜像管理研究如何对镜像的全生命周期管理,包括对镜像的增、删、改、查,不同权限的用户对于不同仓库的镜像有不同的操作权限。研究镜像的上传与下载功能,支持手动上传下载和基于命令行的上传下载。研究镜像仓库清理功能,如用户自定义清理规则,可以实现镜像的自动清理,主要研究基于时间规则和数量规则的镜像清理。研究镜像仓库的备份功能,以及如何添加备份服务器来实现对镜像仓库的备份。最后还需要研究如何提高镜像仓库的高可用性,镜像仓库的高可用设计对于整个云平台的稳定性起到了决定性作用。主要研究方案为同时有多个镜像仓库实例和持久化的数据存储卷方案。多套镜像服务器会分别部署在不同的服务器上,同时多台镜像服务器都会自带数据库存储。用户的请求会通过负载均衡服务选择空闲的镜像仓库服务器发送镜像请求。在被请求镜像服务器完成相应的用户操作后,Registry 以及镜像仓库数据库会自动同步修改后的镜像资源。即便任意一台镜像仓库服务器无法提供服务,亦不会影响其他节点仓库的正常运作。

针对业务系统间的协同调度需求,提出智联平台智能调度系统,决定了当前集群的主机资源能否被合理地利用以及当前应用是否被合理地分配了资源。研究基于谷歌开源的 Kubernetes 系统的调度器来实现资源分配和应用调度。研究如何通过主机资源计算机制实现智能调度。研究如何通过应用资源计算机制实现智能调度。研究如何在任务提交的时候就预测出任务在运行期间会占用多少资源。研究通过已经运行在容器中的镜像(包括名字和标签)的历史数据预测任务的资源使用量,容器在运行期间,定期把 CPU 和 MEMORY 的负载信息存储到后端。

网络管理方面,智联平台协同调度系统内部的机制主要基于 CoreOS 提出的 CNI 规范进行研究。同时,对 Calico 路由方案进行了深入探讨,并基于此设计业务系统,实现每个租户对应一个独立网络,该网络下可包含多个子网,每个子网映射到 Kubernetes 的一个 Namespace(命名空间)中,其中运行着多个 Pod(Kubernetes 中最小的调度和管理单位)。

负载均衡方面,针对智联平台协同调度系统,考虑了内部、外部和客户端三种场景。内部负载均衡利用 Kubernetes 原生策略,通过 Service IP 而非直接使用容器 IP 进行通信,以达到负载均衡的效果;外部负载均衡则采用 HAProxy 作为代理服务器来实现;而客户端负载均衡则是通过 Headless Service 发布服务,将所有实例的服务名写入客户端应用,使客户端能够直接解析到具体的 Pod IP,从而提高效率。

对于规则引擎的研究,遵循 JSR94 标准,涵盖规则、规则执行集合、规则会话等概念,探究其工作内存、规则执行队列和静态规则区如何协作。此外,还关注异常处理、日志记录、API 安全访问控制等问题,并对比分析了 Drools、ILOG JRules 等主流方案,开发出兼具高性能与灵活性的 API。

在单点登录技术方面,基于 JWT 规范构建认证体系,详细解析 Json Web Token 结构及其工作原理,致力于创建跨语言、跨操作系统且安全可靠的单点登录方案。同时,设计了交互流程和数据接口,确保不同业务系统间用户信息同步,并加强 Token 加密措施以提升安全性。

最后,针对智联平台统一门户,智能协同调度系统整合了消息转发与规则编排服务、云雾融合技术及多系统的统一权限管理,为异构业务提供集成解决方案。在此基础上,开发了单点登录功能、多终端界面展示以及全面的状态监控功能,构建了一个统一管理门户。研究了用户使用与操作设计(UX),实现了从门户到各业务系统的无缝跳转,解决了跨域访问与权限验证问题。采用配置化方式支持新系统接入,避免频繁修改代码。

针对消息引擎实现对多种通信方式的集成,主要包括:研究多种消息中间件如 RabbitMQ、ActiveMQ、Kafka 的工作原理、部署方式,研究如何实现对多种消息中间件的集成,消息融合方式如图 4-2 所示。研究 Web Service 标准,研究如何实现与 Web Service 服务的对接,通过 Socket 方式实现消息通信。通过文件共享方式来进行消息通信,以及消息引擎无缝融合多种通信方式,在提高系统的支持能力的同时,还能够保障系统的可靠性和稳定性。

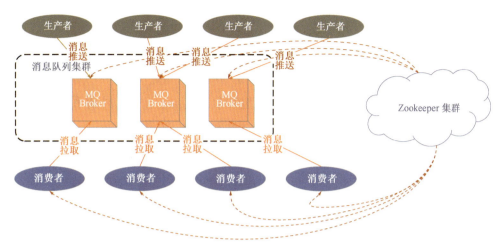

图 4-2　业务系统异构消息的消息融合

基于云原生建设容器云平台是智联平台协同调度系统的解决方案。智联平台协同调度系统利用容器化技术,将应用程序及其依赖项打包成独立的容器,实现了应用的轻量化、可移植性和一致性。通过 Docker 镜像实现应用交付的一致性和标准化。将应用及其依赖项打包成 Docker 镜像,确保在不同环境中的一致性,减少部署和配置的复杂性。建设统一的容器编排平台,实现对业务系统的统一管理。利用容器编排工具(如 Kubernetes),实现对容器化应用的自动化部署、扩缩容和服务发现等管理功能,提高应用的可管理性和可伸缩性。建设统一的服务监控系统,实现对故障的快速定位和恢复。通过集成监控工具和平台,对容器和应用的运行状态进行实时监测和告警,及时发现和解决问题,提高服务的可用性和稳定性。建设持续交付和集成系统,实现开发运维一体化。通过建立自动化的持续集成和持续交付流程,实现软件的快速交付和部署,减少人工操作和错误,加快业务功能的发布和更新。通过建设容器云平台,港珠澳大桥运维方可以更好地应对业务系统研发中的挑战,提高业务的敏捷性、稳定性和可扩展性,为港珠澳大桥运维数字化转型提供支持和保障。

4.2　基于规则编排的复杂异构服务协同调度

大型业务系统平台通常涵盖了众多的业务系统服务,这些业务系统之间的对接采用 API 方式进行。而且,这些业务系统之间可能使用不同的协议,例如

HTTP/HTTPS、WebSocket、gRPC等。在传统情况下,每个业务系统都拥有独立的API管理和鉴权方式。在业务系统数量较少的情况下,这种分散的管理方式可能不会带来太大的问题。然而,在大型业务系统集成项目中,分散的API管理和不同的鉴权方式会增加系统对接的工作量和复杂度,也不利于后期系统的升级和迭代。此外,由于业务系统主要专注于业务实现,对于API的安全性、可靠性和可监控性方面往往存在不足。不同的业务系统可能采用不同的鉴权机制,这可能导致鉴权流程的复杂性增加,并增加系统对安全漏洞的风险。此外,由于缺乏统一的监控机制,对API的性能、可用性和异常情况的监控可能会受到限制。

为了解决这些问题,建设一个统一的API网关是至关重要的。API网关作为业务系统与外部服务之间的入口,扮演着一个中心化的角色,可以集中管理和控制所有的API请求。下面将详细介绍API网关的一些关键优势和功能。

首先,API网关提供了统一的API管理。它作为一个中心化的服务,负责管理和维护所有业务系统的API。通过API网关,可以统一定义和管理API的路由、协议、参数和版本等信息。这简化了API的维护工作,减少了重复的劳动,并提高了团队的协作效率。

其次,API网关提供了统一的鉴权和认证机制。通过在API网关中实施统一的鉴权策略,可以确保所有的API请求都经过认证并受到授权。这消除了每个业务系统单独实施鉴权的需要,减少了重复的工作,并提高了系统的安全性。API网关可以集成各种鉴权机制,如基于令牌的身份验证、OAuth、API密钥等,以满足不同的安全需求。

再次,API网关提供了请求的转换和协议适配功能。由于不同的业务系统可能使用不同的协议,API网关可以在接收到请求后,根据需要进行协议转换和适配。它可以将请求从一个协议转换为另一个协议,并确保请求能够正确地传递给后端的业务系统。这样,业务系统可以更加灵活地对接不同协议的服务,而无须关注底层协议的细节。

综上所述,API网关在大型业务系统集成中具有重要的作用。它提供了统一的API管理和鉴权机制,简化了各个业务系统对接的工作量和复杂度,并且提供了可视化的管理员界面,帮助系统管理员更好地管理资源和各业务系统,如图 4-3 所示。API 网关提供了请求转换和协议适配、监控和日志、缓存和限流等功能,提高了系统的可靠性、性能和安全性。通过建设一个统一的 API 网关,业务系统研发团队可以更好地管理和控制其 API 服务,提供更好的用户体验,并降低开发和维护的复杂程度。

图 4-3　智联平台协同调度系统后台管理员页面

4.2.1　基于云原生的 API 网关的架构

智联平台协同调度系统构建的 API 网关,是一种在分布式应用程序架构中用于管理和控制多个微服务或后端服务的统一入口点。它充当了客户端和后端服务之间的中间层,负责处理所有传入的请求,并提供一系列功能,如路由请求、认证和授权、请求转换、限流和监控等,最终实现了异构多业务系统之间的互联互通。

智联平台协同调度系统的 API 网关的主要目标是简化客户端和后端服务之间的通信,并提供一致的接口和体验。它将分散的业务系统后端服务封装在一个单一的终端点上,而业务系统的客户端只需与 API 网关进行交互,无须直接与每个后端服务进行通信。这种集中式的管理和控制方式有助于提高开发效率、降低复杂性并增强系统的可靠性和安全性。API 网关架构如图 4-4 所示。

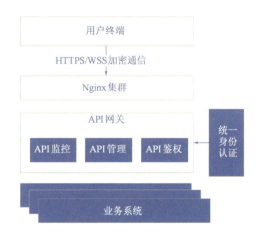

图 4-4　API 网关架构图

首先,路由和负载均衡是智联平台协同调度系统 API 网关的核心功能,API 网关根据请求的 URL、HTTP 方法或其他条件将请求路由到适当的后端服务。它可以根据负载均衡算法将请求分发到多个实例或副本,以实现高可用性和性能优化。

API 网关的另一个功能是对路由和负载的控制管理,最核心的是安全认证和授权。API 网关可以集成身份验证和授权机制,验证请求的合法性,并确保只有经过身份验证和授权的用户才能访问特定的 API 端点或服务。它可以处理用户凭据、访问令牌、API 密钥等,并与身份提供者或认证服务进行交互。请求转换和数据格式转换也是路由和负载控制管理的核心功能,API 网关可以对请求和响应进行转换和格式化,以满足客户端和后端服务之间的数据格式要求。它可以处理请求和响应的转码、压缩、加密、解密和解析等操作,以确保数据的一致性和兼容性。

API 网关还可以根据访问情况做到缓存、性能优化、流量管控等。API 网关可以缓存经常请求的数据或响应,以减轻后端服务的负载,并提高系统的响应速度。它可以根据缓存策略和过期时间来管理缓存,并处理缓存的更新和刷新。API 网关可以对请求进行限流和流量控制,以防止后端服务被过多的请求压垮。它可以根据请求速率、配额、并发连接数等指标来限制请求的频率和数量,以保护后端服务的稳定性和可用性。

智联平台协同调度系统的 API 网关也提供了监控和日志记录能力。API 网关可以收集和记录关于请求和响应的统计信息和日志,以便进行监控、故障排查和性能优化。它可以生成访问日志、错误日志、响应时间和吞吐量指标等,并提供可视化的监控仪表板。

通过 API 网关,业务系统研发团队可以更好地管理和控制其 API 服务,提供更好的用户体验,并降低开发和维护的复杂程度。它提供了一种统一的方式来管理和保护后端服务,并提供额外的功能和服务,以满足不同业务需求和安全性要求。

基于云原生的 API 网关,它具备动态、实时、高性能等特点,提供了丰富的流量管理功能,如负载均衡、动态上游、灰度发布、服务熔断、身份认证和可观测性等。它既可以处理传统的南北向流量,也可以处理服务间的东西向流量,同时还支持作为 Kubernetes Ingress Controller 使用。

首先,智联平台协同调度系统的 API 网关提供多平台的支持。它不仅可以在裸机环境下运行,还可以在 Kubernetes 中使用,并且支持与 AWS Lambda、Azure Function、Lua 函数和 Apache OpenWhisk 等云服务进行集成。这种多平台的支持使得 API 网关具备了灵活性和可扩展性,可以适用于各种不同的部署场景和技术栈。

其次,API 网关需要具备全动态的能力。它支持热加载,这意味着可以在不重启服务的情况下更新 API 网关的配置。这种特性使得运维团队能够快速调整和修改配置,而无须停机和重启服务,从而提高了系统的可用性和灵活性。通过全动态的能力,API 网关可以实现快速响应和快速迭代的需求,使得系统的变更更加敏捷和高效。

第三,APISII 网关需要支持精细化的路由。它利用 NGINX 内置变量作为路由的匹配条件,同时还可以自定义匹配函数来过滤请求并匹配路由。这种精细化的路由机制使得可以根据请求的各种属性和条件进行灵活的路由控制,从而满足不同的业务需求。通过灵活的路由控制,可以实现流量的分流、转发和筛选,提高系统的性能和可用性。

第四,API 网关需要提高对运维人员的友好性。它支持与多个工具和平台的集成,如 HashiCorp Vault、Zipkin、Apache SkyWalking、Consul、Nacos 和 Eureka 等。运维人员可以通过 API Dashboard 使用友好且直观的用户界面来配置和管理 API 网关,从而简化了运维工作。通过集成这些工具和平台,可以实现 API 的安全性、可观测性和监控等方面的增强,提高系统的稳定性和可靠性。

最后,API 网关需要支持多语言插件的开发。它提供了多种开发语言的 SDK(Software Development Kit,软件开发工具包),使开发人员可以选择擅长的语言进行自定义插件的开发。这种插件的支持使得开发人员可以根据具体的业务需求进行功能扩展和定制化开发，从而满足不同场景下的特定需求。通过多语言插件的支持，API 网关具备了良好的可扩展性和灵活性，可以根据实际情况进行功能的增强和扩展。

4.2.2 基于 API 网关技术的规则编排实施

作为一个基于云原生的 API 网关，智联平台协同调度系统具有多平台支持、全动态能力、精细化路由、运维友好和多语言插件支持等优点。它为业务系统提供了统一的 API 管理和鉴权机制，简化了系统对接的工作量和复杂度。通过使用 API 网关，业务系统研发团队可以更好地管理和控制其 API 服务，提供更好的用户体验，并降低开发和维护的复杂性，其架构如图 4-5 所示。基于云原生的 API 网关进行 API 网关建设需要从以下多个技术层次开展实施工作。

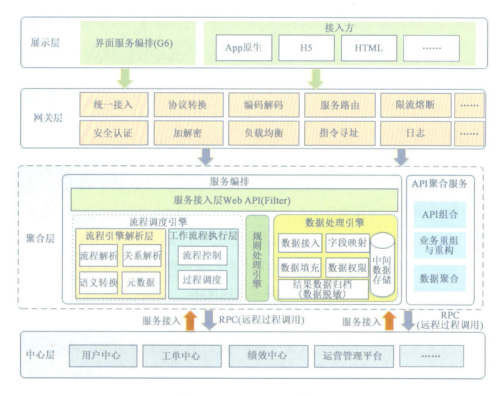

图 4-5　基于 API 网关的业务聚合与规则编排

在进行 API 网关的部署之前，需要进行适当的环境准备工作。首先，确保系统具备足够的硬件资源和网络环境来支持 API 网关的正常运行。根据实际需求选择裸机部署或在 Kubernetes 集群中使用 API 网关。在裸机部署时，需要安装适当的操作系统和相关依赖软件，例如 Nginx、Lua 等。而在 Kubernetes 集群中使用 API 网关，则需要确保集群的搭建和配置正确无误，以及对应的网络策略和权限设置。

API 网关的配置管理是非常重要的一环。可以选择使用文件形式的配置管理，将 API 网关的配置文件存储在适当的位置，并确保 API 网关能够正确加载和解析这些配置文件。通过文件配置的方式，可以方便地对配置进行版本控制和备份。另外，API 网关还提供了强大的 API 接口，通过调用 API 可以实时更新和修改 API 网关的配置信息，使得配置变更能够快速生效。

在 API 网关中，路由配置是非常关键的一部分。根据系统需求，需要合理配置 API 网关的路由规则，将外部请求转发到相应的后端服务。通过 API 网关的路由功能，可以根据请求的路径、域名、请求方法等条件进行匹配和转发。通过灵活的路由配置，可以实现精确的请求转发和路由策略，确保请求能够准确地到达后端服务，并满足业务需求。

在 API 网关中，鉴权和认证是非常重要的安全机制。API 网关提供了多种鉴权和认证方式，包括基于令牌的身份验证、OAuth、JWT 等。根据系统需求选择适合的认证方式，并配置 API 网关的认证插件。通过授权和认证机制，可以确保只有经过授权的请求才能访问后端服务，提高系统的安全性和可控性。

流量管理和负载均衡是 API 网关的核心功能之一。在 API 网关中，可以利用其强大的流量管理功能来配置负载均衡策略，实现请求的分发和负载均衡。通过合理设置负载均衡算法和转发策略，可以确保请求按照预期的方式转发到后端服务。此外，API 网关还支持动态的负载均衡调整，根据后端服务的负载情况自动进行调节，保证系统的高可用性和性能优化。

灰度发布和版本管理是一种非常有效的发布策略。API 网关提供了强大的灰度发布功能，使得逐步引入新版本的 API 或后端服务变得更加简单和可控。通过控制请求的转发比例和流量占比，可以实现渐进式的发布和验证，降低发布风险。同时，使用 API 网关的版本管理功能，可以轻松管理不同版本的 API，并根据需要进行版本切换和回滚。这种灵活的发布和版本管理能够极大地提升系统的稳定性和可维护性，业务发布流程如图 4-6 所示。

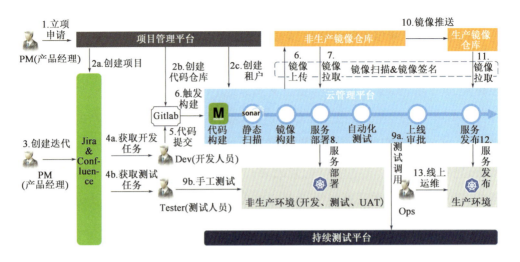

图 4-6 业务发布流程

通过以上的配置和技术实施,基于云原生的 API 网关建设可以实现高效、安全和可扩展的 API 管理和流量控制。通过合理的部署环境、灵活的配置管理、准确的路由配置、安全的鉴权和认证、智能的流量管理以及可控的灰度发布和版本管理,可以构建出稳定可靠的 API 网关系统,满足大规模业务系统的需求。同时,API 网关还提供了丰富的插件系统和监控功能,进一步增强了 API 网关的功能和可观测性。

4.2.3 异构服务协同调度

异构服务协同调度通常指的是在一个分布式系统中,将不同类型的服务(可能是不同框架、不同语言编写的服务)协同地进行调度和管理。这样的环境下可能有多种不同的计算资源、存储资源需求,也需要考虑服务之间的依赖关系以及服务对资源的特殊需求,异构服务协同调度框架如图 4-7 所示。为了实现异构服务协同调度,可以采用以下技术手段。

智联平台协同调度系统使用统一的调度器来管理不同类型的服务,这个调度器需要能够理解并满足不同服务的资源需求。智联平台协同调度系统通过资源抽象和调度将底层的资源抽象成统一的模型,使得不同类型的服务都可以以相似的方式进行资源申请和调度。这样可以让调度器更容易地管理各种类型的服务。

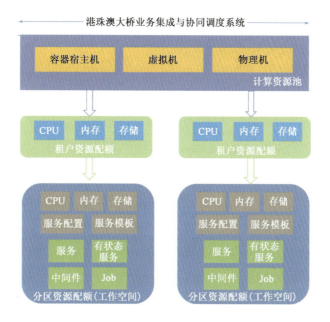

图 4-7　异构服务协同调度框架

智联平台协同调度系统设计了一整套智能的调度算法,考虑到不同服务的特殊需求和依赖关系,以实现资源的高效利用和服务的高可用性。常用的实现异构服务协同调度的方法有很多种类。

节点亲和性调度可以使用节点亲和性调度来将特定类型的应用程序或服务部署到特定类型的节点上,通过设置亲和性标签和选择器,可以让特定类型的节点仅运行特定类型的应用程序或服务,从而实现异构服务的协同调度。

污点和容忍度调度可以使用污点和容忍度调度来保证不同类型的应用程序或服务在同一节点上运行,通过给节点设置污点标签,可以防止某些应用程序或服务在该节点上运行,而通过设置容忍度标签,则可以允许一些应用程序或服务在该节点上运行。

多资源调度可以使用多资源调度来确保不同类型的应用程序或服务共享集群中的资源,通过设置 CPU 和内存等资源限制和请求,可以让智联平台协同调度系统在调度应用程序或服务时考虑这些因素,以避免资源竞争和冲突。

智联平台协同调度系统通过建立健全的监控系统,实时监控各个服务的资源使用情况和性能表现,并根据监控数据对调度策略进行优化和改进。以智联平台综合工单与告警服务为例,该系统通过日志采集分享系统来记录所有工单、告警信息的流转。智联平台协同调度系统在这里采用 ELK 技术方案,ELK 系统中涉及的组件均采用多实例部署,其中 LogPilot 采用 Daemonset 的方式部署,即在每个业务系统节点上部署一个 LogPilot 实例,收集业务系统的日志文件和标准输出。使用 Kafka 作为消息队列,同时也是日志聚合组件,用于收集散落在集群中的业务系统 pod 日志。Kafka 本身是分布式架构,通过 StatefulSet 的形式在 Kubernetes 集群中部署 3 个实例,Kafka 依靠自身的副本机制,可保证集群中所有业务系统的数据同步,进而保证综合工单与告警的 Kafka Cluster 组件的高可用性。Logstash 作为 Kafka 的消费者,可根据 Kafka 缓存的数据大小,相应地调整 Logstash 的实例数,一般 Logstash 副本数大于等于 2。Elasticsearch 天生就支持分布式部署,通过其独有的分片机制可实现高可用性。为了构建一个高效的监控告警系统,可以采用 Prometheus、Grafana 与 cAdvisor 的组合,并辅以 Prometheus Operator 和 Metric Server 的部署。Prometheus 定期抓取来自不同数据源的信息,这些信息包括但不限于应用指标、系统性能数据等,而 Grafana 则负责将这些数据以可视化的方式展现出来,便于用户理解和分析。当检测到异常情况时,AlertManager 会根据预设规则触发相应的告警通知。此外,Prometheus 中的数据收集机制可以通过 Service Monitor 实现自动化。Service Monitor 基于 Label Selector 原理工作,它允许管理员定义一套标签选择器来匹配特定的服务实例,这样一来,随着业务的增长和服务数量的变化,只要新服务符合既定的标签条件,就能自动被纳入到 Prometheus 的监控范围之内,无需人工干预即可完成服务发现过程,从而保证了整个系统的灵活性和可扩展性。

智联平台协同调度系统通过云原生服务网格实现异构服务协同调度,通过将应用程序或服务的网络通信交由服务网格处理,可以降低业务系统之间的耦合度,提高业务系统可靠性和效率。总的来说,智联平台协同调度系统提供了一系列功能和特性,可以帮助实现异构服务协同调度。通过合理使用这些功能和特性,可以让不同类型的业务系统在同一集群中运行,以提高系统的效率和可靠性。同时,还可以使用云原生服务网格等技术来进一步提高系统的稳定性和性能。

总之,异构服务协同调度需要考虑不同服务的特点和需求,通过合理的技术手段和调度策略来实现资源的高效利用和服务的稳定运行。

4.2.4 业务系统松耦合易扩展

构建一个既灵活又具备高度扩展性的业务系统,是智联平台协同调度系统架构设计的核心追求。这要求我们采用一系列策略和技术手段,确保系统模块间既能独立运作又能协同工作,以此来应对日益复杂多变的业务场景。以下是这一目标达成的几个关键途径,它们相互交织,共同构筑起一个健壮的系统架构。

首先,采用微服务架构是基础,利用 Kubernetes 作为强大的支撑平台,它不仅简化了微服务的部署与管理,还通过内置的服务发现与负载均衡机制,确保了服务间的高效、无阻塞通信。每个微服务独立演化,能够单独部署和扩展,这大大降低了组件间的耦合度,提高了系统的整体灵活性和响应速度。

事件驱动架构的融入,则进一步推动了系统的解耦。业务组件通过发布和订阅事件的方式交互,减少了直接的相互依赖,使得系统更加模块化,易于扩展和调整。这种设计模式鼓励了系统的松散耦合,提升了应对变化的能力。

API 设计的标准化是另一块重要基石。明确、统一的 API 接口定义,如同桥梁般连接着不同的业务模块,使得各部分能够基于契约而非实现细节进行交流,极大地降低了耦合度。这种做法不仅简化了后续的系统维护和升级,也为新功能的添加打开了便捷之门。

采用声明式配置文件(如 YAML)来描述应用的部署和配置细节,是一种提升系统可维护性和扩展性的有效实践。它允许开发者以一种更为直观、简洁的方式表达组件间的关系和依赖,同时支持通过修改配置而非代码来实现系统规模的动态调整。

Kubernetes 的水平扩展特性,为应对不断变化的业务负载提供了有力保障。通过智能化的自动伸缩策略,系统能根据实时的资源消耗情况自动增加或减少服务实例,保证了资源的高效利用和系统的稳定性。

服务发现与负载均衡机制的集成,为微服务架构的灵活性加码。它使得系统不再受限于固定的网络地址,而是通过服务名透明地访问到所需服务,无论服务实例如何变动,都能确保请求的有效路由,提高了系统的可扩展性和容错性。

在数据管理层面,通过存储抽象技术,业务逻辑得以从底层存储细节中解脱,实现数据的持久化与共享。这不仅简化了数据管理的复杂程度,也促进了存储资源的灵活配置和高效利用。

引入消息队列作为异步通信的媒介,是解耦业务逻辑、实现异步处理的有效方式。它允许组件在不直接等待响应的情况下发送消息,减少了相互间的直接依赖,提高了系统的响应速度和吞吐量。

此外,采用松散耦合的设计模式,如策略模式和观察者模式,为系统的灵活设计提供了更多可能。这些模式指导我们如何设计组件间的交互,使其更加灵活多变,易于适应不同的业务需求。

最后,坚持模块化开发原则,将系统分解为职责单一、接口清晰的模块,是提高代码复用度、降低耦合度的关键。每个模块专注于其核心功能,通过接口协议与其他模块交互,这不仅简化了开发和测试,也促进了团队间的协作和知识共享。

综上所述,通过这一系列策略和技术的融合应用,业务系统将变得更加松耦合且易于扩展,为应对未来业务的快速变化和持续增长奠定了坚实的基础,同时也为实现高可用性和高性能提供强有力的支撑。

4.3 非侵入式业务系统故障感知分析与自动隔离

4.3.1 云上业务运维保障能力

在数字港珠澳大桥的建设过程中,各种业务系统基于微服务的云原生架构之上构建,微服务架构为业务系统研发团队提供了许多优势,同时也带来了很多的挑战,尤其是如何支撑不断增长的微服务应用规模,如何动态感知多个应用服务之间的调用关系和状态,如何形成精准的业务拓扑分析,给业务运维工作带来了难题。

同时,随着业务系统上云以及应用之间相互调用和依赖关系的复杂化,大量中间件组件如 MQ 消息队列、Elasticsearch、Redis、Mysql 等在业务系统运行过程中的使用,再加上网络虚拟化技术的发展和应用,传统架构业务的全链路动态拓扑识别也变得困难。如何全方位感知业务运行状态,并构建可观测的业务拓扑视图,成为云上业务运维保障成功的关键。

云上业务在运行过程中出现系统故障,不一定是业务系统本身的问题,很可能是由于应用所在的平台资源问题、网络质量和通断情况、应用依赖的其他应用服务或中间件故障等原因造成的,单纯依靠应用的监控指标或者离散"烟囱式"的监控手段,无法形成动态的服务调用和依赖关联关系,不能快速确定业务是在哪一环节出现了问题。所以智联平台协同调度系统在全方位感知业务运行状态并构建出可观测的业务拓扑视图的基础上,需要进一步进行动态关联分析和层层下钻,快速定位业务问题域,为云上业务运维保障提供工具和数据支撑,提升业务故障的快速响应、预警干预和处置能力。云上监控手段有指标监控、APM（应用性能监控）和 NPM（网络性能监控），在实现云上业务的监控全覆盖中存在局限性。指标监控如 Prometheus 可以提供主机和容器级别的内存、CPU、网络流量、磁盘读写和容量的统计性指标。

4.3.2 eBPF 技术

智联平台协同调度系统采用 eBPF（Extended Berkeley Packet Filter）构建监控系统，它是一种在 Linux 内核中执行程序的技术，提供了一种安全、高效的机制，允许用户编写自定义的程序，并将其加载到内核中以进行网络数据包过滤、性能分析、安全监测等操作。

智联平台协同调度系统 eBPF 程序使用一种特殊的指令集，可以在运行时动态加载到内核中，并且具有较低的性能开销。这使得用户可以在内核中执行自定义逻辑，实现更高级的网络功能和性能监测，基于 eBPF 的探针框架如图 4-8 所示。通过 eBPF 技术，智联平台协同调度系统实现了以下几个关键技术能力：首先是网络流量分析，通过使用 eBPF 程序，可以对网络数据包进行实时的过滤、分类和统计分析，从而实现高级的网络流量监测和分析功能；其次是性能分析，eBPF 可以用于收集系统和应用程序的性能数据，例如 CPU 利用率、内存使用情况、磁盘 IO 等，以帮助开发人员进行性能优化和瓶颈排查；第三是安全监测，智联平台协同调度系统通过在内核中执行自定义的 eBPF 程序，可以实现更高级的安全监测和入侵检测功能，例如检测异常网络流量、拦截恶意代码等；第四是资源计量与控制，eBPF 可用于智联平台协同调度系统的计量和控制，例如限制网络带宽、统计进程的系统调用次数等。

全链路监控服务能够根据云上业务系统间访问流量，动态识别云上复杂的应用交互关系，构建云上业务拓扑运维图，动态掌握云上业务运行状态，解决现阶段缺乏业务视角对云上运行应用整体宏观的监控，以及缺乏业务系统之间故障界定手段；同时也集成了 Prometheus 和 Grafana，关联业务指标和平台指标，实现平台问题和业务问题的定界；在深入问题定位方面，全链路监控服务提供的动态 java 弹性探针，在不重启应用的前提下，加强捕获应用运行时性能问题的能力，实现云上性能代码级监控。

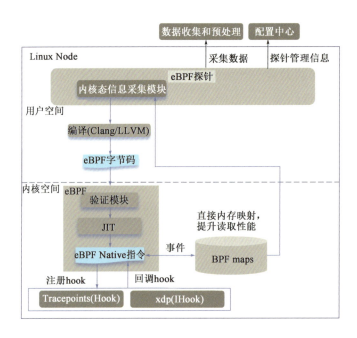

图 4-8　基于 eBPF 技术的系统探针

全链路监控服务的应用流量交互采集器是业界唯一能做到轻量级、高性能、低消耗全量获取云内应用访问流量的采集器。它采用 eBPF 技术获取系统调用，通过分析系统调用获取应用访问指标。采集器和当前主流的网络流量镜像方式有着本质上的区别。当前主流的网络探针使用的是 pcap 等网络包复制拦截技术，原理是将被监控机器上的指定端口的网络数据包完全复制一份，然后模拟 linux 网络协议栈进行解包，其镜像流量和模拟协议栈解析数据包需要的资源和应用本身消耗的资源几乎是等同的，就相当于把应用的资源消耗翻倍了，这对于任何应用架构来说都是难以接受的。而使用分析 linux 系统调用记录的方式的网络探针，是从内核空间内获取 linux 系统的系统调用记录，然后过滤出 linux 内核在处理网络数据时的相关系统调用事件，再经过数据分析便可获取完整的云上应用访问流量，构建完整的东西流量访问图。

全链路监控服务主要利用云主机探针实时采集云上应用访问数据，构建云上业务系统间（东西向）访问关系；其次利用弹性应用探针动态对故障应用加入代码级别数据的采集，提供细粒度问题定位手段；然后对采集的数据和 Prometheus 采集的指标数据进行统一分析，最终建立以业务为出发点、融合容器监控，提供云上业务访问的可观测性，同时进一步增强云上业务故障追踪能力。

4.3.3 全链路监控服务

智联平台协同调度系统可构建业务全链路拓扑,对业务进行全面的、有效的评估。通过自动识别业务中的系统和节点调用关系,构建业务全链路拓扑图,直观呈现各个业务节点的响应时间、请求量、建联失败率、错误率等信息。各个节点触发异常及故障时,根据触发规则呈现红色或黄色告警信息,快速查看异常和故障的统计信息;业务拓扑图也支持层层下钻,快速完成故障定界。

智联平台协同调度系统对业务系统的实时动态进行实时采集、分析、展现,包括业务状态、健康指数、TPS(每秒事务处理数)、平均响应时间、总请求量、Apdex 指数、错误率等信息。业务系统服务进程与云主机节点运行指标关联监控,通过多指标维度监控,实时监控业务系统数量、业务系统健康情况、业务系统实时动态、业务系统资源使用量、系统内容新增应用进程等,主动识别并融合监控,智联平台容器云健康度框架如图 4-9 所示。

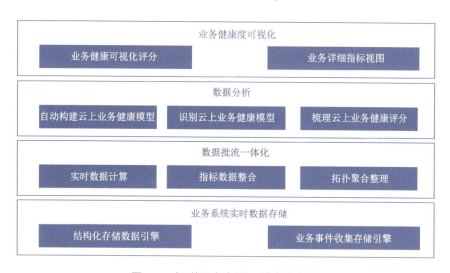

图 4-9　智联平台容器云健康度框架

智联平台协同调度系统建立全面的业务可观测体系。可观测体系的构建包括以下几个部分,首先是针对各种服务架构,建立全面的业务分布式的可观测体系,增强业务的可观测能力;其次是将采集到的各层级异常数据指标关联到业务全链路拓扑中,进行告警监测,对异常的告警状态结合多维度指标进行健康状态分析;汇聚业务异常事件信息,找出业务异常事件对应的节点情况,方便进行故障回溯;汇聚业务相关所有日志,提供故障排查的日志查询,为业务系统巡检提供支持;最后还包括汇聚业务调用间的网络指标,即通过进程监听以及数据包采集方式,主动发现构建多业务系统数据链路,实现全景数据链路融合监控。

智联平台协同调度系统提供主动告警及观测能力,在指标度量、链路追踪与分析等维度对业务平台、业务系统和资源进行全方位的监测、聚合、分析,围绕链路追踪中的业务系统全链路数据,建立指标度量数据和分析。健康度评价模型如图4-10所示。

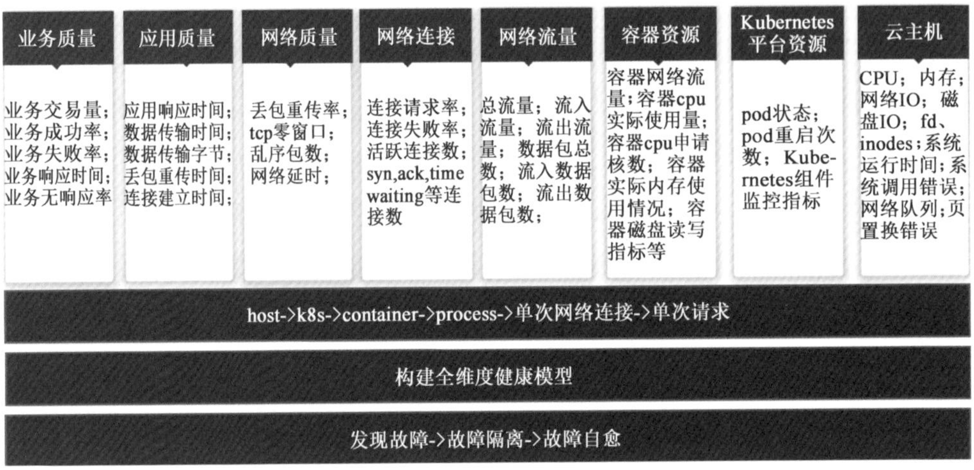

业务质量	应用质量	网络质量	网络连接	网络流量	容器资源	Kubernetes平台资源	云主机
业务交易量;业务成功率;业务失败率;业务响应时间;业务无响应率	应用响应时间;数据传输时间;数据传输字节;丢包重传时间;连接建立时间;	丢包重传率;tcp零窗口;乱序包数;网络延时;	连接请求率;连接失败率;活跃连接数;syn,ack,time waiting等连接数	总流量;流入流量;流出流量;数据包总数;流入数据包数;流出数据包数;	容器网络流量;容器cpu实际使用量;容器cpu申请核数;容器实际内存使用情况;容器磁盘读写指标等	pod状态;pod重启次数;Kubernetes组件监控指标	CPU;内存;网络IO;磁盘IO;fd、inodes;系统运行时间;系统调用错误;网络队列;页置换错误

host->k8s->container->process->单次网络连接->单次请求
构建全维度健康模型
发现故障->故障隔离->故障自愈

图4-10 健康度评价模型

业务全链路监控服务通过对业务平台指标、业务运行状态、业务系统全链路依赖及各节点资源容量数据的全方位精细化采集和多维分析,建立"用数据说话、用数据决策、用数据管理、用数据创新"的管理机制,解决业务运行状态无法全方位感知、系统健康难以智能识别检测并动态告警的问题,通过不断深化的业务系统监控覆盖和调度告警响应能力建设,自动描绘业务全链路拓扑,构建业务系统画像,实现基于业务画像的容量使用统计分析,全方位监管业务系统内各层面的运行状态和资源容量,提升容器调度监控感知和决策指挥能力,能够有效提高业务系统服务运行质量和软硬件资源管理效率。

智联平台协同调度系统的微服务具有易拓展迭代特点,对单一微服务监控提出更高要求。传统的运行状态感知技术无法探测微服务的运行方式,微服务的链路变化及异常情况难以发现。业务系统间的大规模微服务的调用关系错综复杂,关联微服务的故障定界诊断难度更大。传统依赖大量指标监控数据和人为排查的方式无法应对复杂业务系统的排障要求,业务故障定位和处理耗时长。

微服务利用智联平台协同调度系统在业务系统间配置弹性资源的特点,对资源调度实时性要求更高,而传统的人工调度资源方式无法满足敏态资源调度要求,缺乏云资源的智能调度手段。

4.3.4 容器云故障自动隔离

随着智联平台协同调度系统容器集群规模的扩大和业务复杂性的增加,保障容器云平台的稳定性、降低故障对业务的影响变得至关重要。系统默认的故障处理机制无法满足业务的需求,Node 故障驱逐时间达到 5 分钟,敏感性业务难以适应;Pod 重启生命周期会结束,由于丢失故障现场,业务故障排查会变得十分困难。另外,在 Dubbo + Zookeeper 服务框架下,当容器云平台 Pod 和 Node 级别出现故障,Zookeeper 无法及时剔除故障 Pod IP,隔离故障 Pod 及 Node 的业务流量,会导致业务故障。

为解决以上问题,智联平台协同调度系统基于云原生技术栈自主研发了一套容器云故障自动隔离系统,兼容 Kubernetes + Docker 容器云平台,采用"中心 + 单元 + 节点"三级隔离架构设计,灵活实现了多级故障隔离控制,提供故障自动监测、自动隔离、脑裂控制、区域控制、接口 API 等功能,全场景覆盖中心/边缘断网、弱网、Pod 故障、系统组件故障、Node 故障、区域故障等典型场景,有效解决了容器云复杂的故障场景 Dubbo + Zookeeper 服务框架长连接的流量隔离难题,有效降低业务故障时间,将容器级故障业务影响时间从 5 分钟降低到秒级,将节点级故障业务影响时间从 10 分钟降低到 5s 以内,大幅提升了运维效率。故障自动隔离框架如图 4-11 所示。

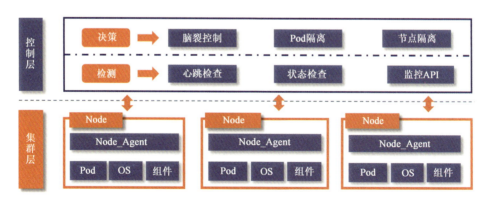

图 4-11 故障自动隔离框架

智联平台协同调度系统的故障隔离系统采用三级隔离架构设计,第一级为节点层级,主动识别容器云节点的系统组件(如 Kubelet、KubeProxy 等)存活状态,完成节点健康状态判断并以心跳形式上报给中心,实现节点级别的故障发现与隔离;第二级为单元层级,对节点进行单元化管理,在云边弱网环境下,单节点出现问题时,探测单元内其他节点状态,精确识别单节点故障或单元内网络故障问题;第三级为中心层级,中心感知到节点无心跳上报时或者异常时,主动从中心探测节点状态,通过双向心跳机制,准确判定异常节点,并快速驱逐异常节点服务。

为保留 Pod 故障现场进行后续问题分析,引入 Supervisor 作为服务的基础镜像,实现容器内的多进程管理,避免容器因业务进程故障后 Pod 实例自动销毁;在 Pod 故障时,主动将异常 Pod 与服务的关联关系解除,剔除异常 Pod 流量,确保 Pod 孤立于服务之外,避免后续服务变更导致故障 Pod 销毁。

故障自动隔离系统以更加快速主动的方式探知节点和服务健康状态,在中心/边缘断网、弱网、Pod 故障、系统组件故障、Node 故障、区域故障时,快速地将受影响服务实例的流量从服务访问入口中剔除,降低故障对业务的影响。另外故障隔离系统会主动从 Zookeeper 中剔除异常服务 IP,切断异常 Pod 的 Dubbo 调用,实现 Dubbo + Zookeeper 服务框架下长连接流量自动隔离。故障隔离系统自身与 Prometheus 对接,实现全方位的监控,确保自身稳定运行;隔离操作的关键步骤以事件形式接入告警监控平台,在确保故障主动发现自动处理的同时让集群和业务运维人员同步感知,以便快速地进行故障分析与排查,提升故障的解决效率。

这一套故障自动隔离系统效果非常显著,经测试,采用该系统的业务系统的 Pod 故障业务影响时间从业界平均的 5min 降低至秒级,与此同时,Node 故障业务影响时间从业界平均的 10min 降低至 5s 以内,如图 4-12 所示。

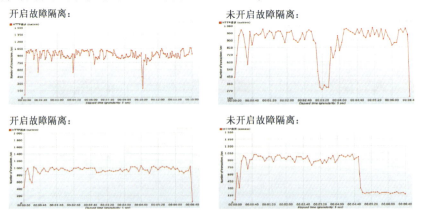

图 4-12 故障隔离的效果分析

4.4 多业务异构协同调度技术体系

针对数字港珠澳大桥建设中面临的运维业务类型繁多、业务逻辑复杂等特点,提出了一系列基于容器的技术标准,包括容器服务运行规范、统一登录规范、统一鉴权规范、服务调用规范。这些规范的实施,可以极大地提高数字港珠澳大桥的运维效率,确保服务的高可用性和可扩展性,并降低系统的复杂性。通过容器化技术,可以实现资源的高效利用和快速故障恢复,同时便于进行微服务的管理和自动化。基于此规范构建的多负载类型异构服务协同调度系统,实现了业务系统轻量级、松耦合、规格化部署,以及业务模块可复用、可扩展和模块化插拔的区域交通业务中心。异构协同调度系统容器云功能如图4-13所示。

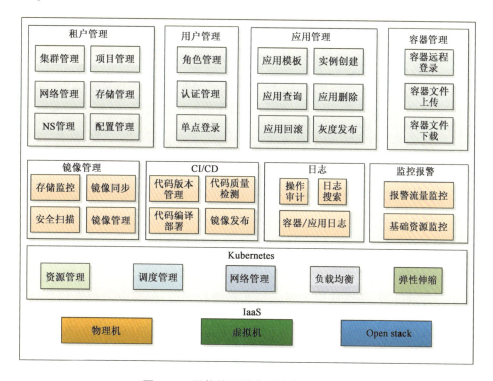

图4-13 异构协同调度系统容器云功能

基于云原生技术栈创新研发的故障隔离技术,采用"中心+单元"两级隔离架构设计,全面覆盖港珠澳大桥业务系统故障场景,采用分层设计,降低层级之间系统耦合性，使不同层级功能扩展具备更强的灵活性。实现了秒级的故障隔离，保证了业务系统的稳定运行。

基于 eBPF 构建了非侵入式业务运行全方位感知分析服务治理模型。通过业务全局视角中非侵入式的运行状态探测与分析技术，构建业务系统黄金指标的健康度评价模型，在健康视图中自动识别业务健康状况，提升动态感知系统的能力，提高系统运行健康指数。同时可快速判断并分析故障对相关业务健康度的影响，构建处理模型，为故障影响情况、业务系统整体稳定运行提供直观管控手段。同时引入深度学习技术实现了秒级服务故障发现与分钟级服务异常根源检测。

针对复杂异构系统互联互通的痛点，研发基于规则编排的统一消息网关，通过构建统一的数据转发、业务调用、场景联动能力平台，实现了对不同业务系统的多种接口、消息通道、服务的统一管控以及对消息的监控、鉴权、安全等方面的附加价值。

基于云原生的业务集成与协同调度系统解决了港珠澳大桥多负载类型异构服务协同调度中存在的问题。提供一套针对桥岛隧多业务场景下数据转发、业务调用、场景联动等能力的智联平台，并通过研发智联平台统一技术架构，实现业务系统轻量级、松耦合、规格化部署，形成业务模块可复用、可扩展和模块化插拔的区域交通业务中心。保证智联平台的稳定性、可靠性、安全性，保障智联平台及其各业务系统的稳定运行。业务集成与协同调度系统将提高智联平台的运行效率，从而提高港珠澳大桥的运营管理效率，减少运维及人力资源投入，实现路产精细管理及基础设施高效保值。

基于云原生的业务集成与协同调度系统通过自动化运维、异构服务集成、故障隔离、全链路监控等技术，有效地解决了港珠澳大桥多负载类型异构服务协同调度中存在的问题，为港珠澳大桥运行管理智联平台提供了轻量级、松耦合、规格化的业务系统部署能力，保证了智联平台的安全稳定运行。为将港珠澳大桥智能化运维技术集成应用打造成大湾区交通新基建样板工程，对交通新基建的发展起到示范和引领作用奠定了坚实的基础。该智联平台有着良好的行业应用前景，可推动交通基础设施智能运维产业化发展，催生交通基础设施智能运维新业态。

4.5 本章小结

智联平台的核心任务是集成多种多样的业务系统。作为业务集成的平台化底座,智联平台需要为各个业务系统提供统一的高性能、高可用的运行环境,并为业务系统之间的互联互通提供可配置、可调度的总线系统,这就是智联平台的系统调度能力。为了实现这个能力,智联平台构建了基于容器的标准化业务系统框架,并为运行、部署、监控、运维提供了整体解决方案。这里涉及了信息科学领域里的复杂系统稳定性和可靠性的命题,本章通过从容器、容器云、服务编排、故障感知与处置、资源调度与故障隔离等几个维度提供了解决方案,最终构建了稳定性高、可用性高的统一业务系统运行环境。

本章参考文献

[1] YIN L X, LUO J, LUO H B. Tasks scheduling and resource allocation in fog computing based on containers for smart manufacturing[J]. IEEE Transactions on Industrial Informatics, 2018, 14(10): 4712-4721.

[2] BALLA D, SIMON C, MALIOSZ M. Adaptive scaling of kubernetes pods[C]//NOMS 2020-2020 IEEE/IFIP Network Operations and Management Symposium. IEEE, 2020: 1-5.

[3] RATTIHALLI G, GOVINDARAJU M, LU H, et al. Exploring potential for non-disruptive vertical auto scaling and resource estimation in kubernetes[C]//2019 IEEE 12th International Conference on Cloud Computing (CLOUD). IEEE, 2019: 33-40.

[4] ROSSI F, NARDELLI M, CARDELLINI V. Horizontal and vertical scaling of container-based applications using reinforcement learning[C]//2019 IEEE 12th International Conference on Cloud Computing (CLOUD). IEEE, 2019: 329-338.

[5] AL-MAHASNEH A J, ANAVATTI S G, GARRATT M A, et al. Evolving general regression neural networks using limited incremental evolution for data-driven modeling of non-linear dynamic systems[C]//2018 IEEE Symposium Series on Computational Intelligence (SSCI). IEEE, 2018: 335-341.

[6] KUMAR S D, SUBHA D P. Prediction of depression from EEG signal using long short term memory (LSTM)[C]//2019 3rd International Conference on Trends in Electronics and Informatics (ICOEI). IEEE, 2019: 1248-1253.

[7] WILSON PRAKASH S, DEEPALAKSHMI P. Artificial neural network based load balancing on software defined networking[C]//2019 IEEE International Conference on Intelligent Techniques in Control, Optimization and Signal Processing (INCOS). IEEE, 2019: 1-4.

[8] DING W T, FANG W. Target tracking by sequential random draft particle swarm optimization algorithm[C]//Proceedings of the 2018 IEEE International Smart Cities Conference (ISC2). Piscataway, NJ, USA: IEEE, 2018: 1-7.

[9] GAN Y, ZHANG Y Q, HU K, et al. Seer: Leveraging big data to navigate the complexity of performance debugging in cloud microservices[C]//Proceedings of the Twenty-Fourth International Conference on Architectural Support for Programming Languages and Operating Systems. ACM, 2019: 19-33.

[10] ATES E, STURMANN L, TOSLALI M, et al. An automated, cross-layer instrumentation framework for diagnosing performance problems in distributed applications[C]//Proceedings of the ACM Symposium on Cloud Computing. ACM, 2019: 165-170.

[11] WU L, TORDSSON J, ELMROTH E, et al. Microrca: Root cause localization of performance issues in microservices[C]//NOMS 2020-2020 IEEE/IFIP Network Operations and Management Symposium. IEEE, 2020: 1-9.

[12] SUO K, ZHAO Y, CHEN W, et al. vNetTracer: Efficient and programmable packet tracing in virtualized networks[C]//2018 IEEE 38th International Conference on Distributed Computing Systems (ICDCS). IEEE, 2018: 165-175.

[13] FONSECA R, PORTER G, KATZ R H, et al. X-Trace: A pervasive network

tracing framework[C]//4th USENIX Symposium on Networked Systems Design & Implementation (NSDI'07). USENIX,2007:271-284.

[14] ZHAO X, ZHANG Y L, LION D, et al. Iprof: A non-intrusive request flow profiler for distributed systems[C]//11th USENIX Symposium on Operating Systems Design and Implementation (OSDI'14). USENIX, 2014: 629-644.

CHAPTER 5 | 第 5 章

全场景数字孪生交互技术

数字孪生(Digital Twin)作为可视化技术的升级,提供了一个更广泛、更复杂的概念。它综合了可视化、物联网、建模与仿真、数据分析等多种技术,逐渐成为新基建大方向下一个蓬勃发展的领域。智联平台数字孪生的主旨在于构建多元化的交互场景,并呈现一个开放性的基础模型构建展示,通过持续的业务融合,为静态模型注入动态的业务活力。

本章首先介绍数字孪生技术,通过综述的形式介绍数字孪生的发展并对未来的发展做出展望和总结。之后从三维模型解析和动态加载与轻量级实时交互技术两个方面介绍智联平台数字孪生技术的两大核心模块,前者提供了一种基于Web的高性能模型展示技术,并提供了支持多种终端高效交互的能力;后者提供了对静态模型不断叠加复杂业务场景的能力。通过以上技术的融合,智联平台构建了一个既高度灵活又易于扩展的前端交互框架,为各业务系统量身打造了统一的数字孪生交互综合解决方案。

5.1 智联平台数字孪生技术的需求

5.1.1 智联平台数字孪生技术的需求与挑战

在港珠澳大桥的运维业务场景中,数字孪生技术面临多方面的挑战。首先是规模的挑战。由于大桥本身规模巨大,其对应的数字孪生三维模型的体量也是前所未有的。这不仅涉及模型的构建和维护,还包括业务系统的多样性、业务本身的复杂性、庞大的用户基数以及他们对交互性的高要求。这些因素共同构成了对系统处理能力的严峻考验。

其次,随着业务在横向与纵向上的扩展,交互的复杂度不断增加。不仅需要在现有的数字孪生模型中叠加新的单体业务和综合业务,还需要管理这些业务之间的交互逻辑,这显著增加了操作的难度和系统的负担。

在技术层面,面临的主要挑战之一是如何在当前技术框架下实现高效和实时的数据处理及展示。随着数字模型体量的增大,对终端设备的处理能力要求也相应提高。特别是在算力较低的设备上,这种要求往往难以满足,导致数据处理能力受限,从而影响到业务的顺利进行。即使是配备了高端硬件的专业设备,也可能面临模型加载时间长、浏览过程中延迟等问题,这些都严重影响了业务的效率和用户体验。

当前广泛使用的单向渲染技术在处理动态数据与静态数字孪生体之间的实时反馈和双向通信方面显示出其局限性。渲染过程往往是预设的,且缺乏灵活性,难以根据实时数据做出快速调整。为了克服这一问题,需要从根本上优化数据处理和渲染技术,构建更加灵活的数据交互机制,这无疑需要大量的技术开发和系统优化工作。

最后,数字孪生技术的实施还必须处理不同系统和平台之间的互操作性问题。在建设过程中,需要整合来自不同数据源的信息和业务流程,实现多种系统和平台之间的无缝交互和数据流通。这不仅涉及统一数据格式和通信协议,还要解决系统架构的兼容性和可扩展性问题。为达到这一目标,需要跨学科和跨领域的合作,以及对现有技术和流程的深入理解与创新思考。

5.1.2 智联平台数字孪生技术的技术路线

为了创建港珠澳大桥的数字孪生系统,制定了一个复杂的技术架构蓝图,整合了先进的空间检索技术、三维模型解析、模型动态装载技术,以及基于后端渲染的实时交互通信技术。这一架构旨在提升操作效率,优化用户体验,并确保跨各种平台和数据系统的无缝整合。

数字孪生系统的核心是空间检索技术,该技术通过高效地组织和索引模型数据,显著提高了数据处理能力。应用程序能够快速定位并仅加载用户当前需要交互的数据部分,而无须加载整个模型或场景。利用空间索引结构,在执行查询时,系统可以迅速识别特定的空间区域,从而减少处理的数据量,提高数据访问和处理的速度。这种动态数据加载对于用户浏览或与三维场景交互至关重要,系统仅加载用户视野中的详细模型数据,显著减轻了客户端资源的压力,减少了加载时间。这种方法不仅优化了性能,还增强了用户顺畅探索大规模或复杂三维环境的能力。数字孪生技术架构如图5-1所示。

三维模型解析技术对于将存储在文件中的复杂三维数据转换为计算机程序直接操作的结构至关重要。这一解析过程涉及转换和优化数据结构,最小化数据丢失,并保持关键属性,如纹理、动画和材料。本书建立了统一的三维模型数据格式,以简化模型的处理、存储、交换和渲染过程,尤其是在涉及大规模三维数据管理和跨平台应用的场景中,这种标准化减少了不必要的格式转换,降低了数据丢失的风险,提高了模型数据的兼容性和可重用性。

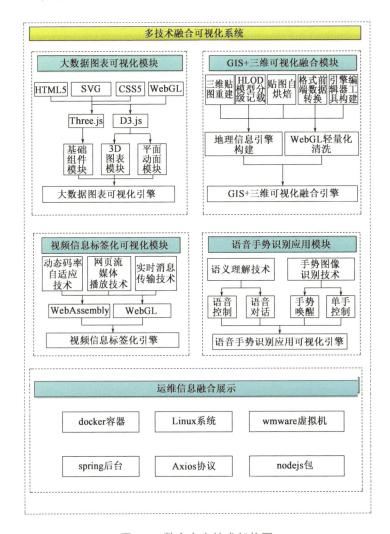

图 5-1　数字孪生技术架构图

模型动态装载技术是该系统的另一个基石,旨在优化资源使用和提高渲染效率。这项技术确保只处理用户当前需要或可能很快需要的数据,使用高效的空间索引结构来管理模型数据。用户在三维场景中移动或改变观看角度时,系统可以迅速通过空间索引判断哪些模型或数据块与当前视图相关,从而实现高性能的数据处理和渲染。采用分层细节级别(LOD)技术,根据观察者与模型的距离动态选择适当的细节级别进行渲染,优化了渲染效率与视觉质量的平衡。

系统的一个关键创新是实现了基于后端渲染的实时交互技术,WebRTC技术是一种允许在浏览器之间直接进行音视频通话和数据共享的先进Web技术。该技术使系统能够在服务器端的强大GPU上进行复杂的三维渲染,然后实时将结果流式传输到客户端设备,保持低延迟和高质量的实时互动。

后端渲染架构设计考虑了高负载的有效处理,通过动态负载平衡和强大的信号机制管理客户端和服务器之间的通信和数据传输。这种设置确保了资源的最优利用和系统响应性,为用户提供了流畅而沉浸式的体验。

智联平台的数字孪生应用技术,在模型渲染技术上的进步,不仅显著降低了建模成本,还提升了建模效率。同时,在该项目中,按照桥岛隧智能运维数据标准体系要求对三维模型LOD(Level of Detail)建模精细度的合理拆分,进一步减轻了渲染负担,加快了响应速度,并显著优化了系统性能。

智联平台广泛应用自动UV展开技术,通过计算每个顶点的最佳纹理坐标来优化模型表面的贴图布局,从而减少了手动调整所需的时间,应用算法能够根据几何形状自动展开并排列UV,确保最小化接缝、避免拉伸,并最大化纹理利用率;此外,基于物理的渲染(Physically Based Rendering,PBR)材料库为创建真实感材质提供了一个标准化的方法。PBR使用一致的参数集,如金属度、粗糙度和高光度等,这些参数可以准确地模拟现实世界中的物质属性,建模时只需要选择合适的PBR材质即可获得高质量的效果,而无须深入了解复杂的光照模型。PBR这种标准化的应用不仅提高了工作效率,也使得跨平台共享材质变得更加容易。同时为了提高渲染性能并优化响应速度,智联平台的数字孪生广泛应用了细节层次(Levels of Detail,LOD)技术,允许根据观察者的距离动态加载不同级别的模型细节,从而在保证视觉质量的同时减少计算开销。在智联平台驾驶舱的操作中,当用户远离一个对象时,系统会显示低分辨率版本的模型;当用户靠近时,则切换至更高分辨率的版本。LOD技术在预处理阶段生成多个不同复杂度的模型变体并提供高效的转换逻辑,所以LOD技术可以快速响应视角变化,平滑地在不同级别之间过渡,显著降低图形处理器(GPU)负担,使得智联平台驾驶舱和数字孪生技术在移动设备上实现大规模场景的可视化。

5.2 基于空间检索的三维模型解析和模型动态装载技术

5.2.1 空间检索技术

空间检索技术可以提升智联平台数据处理效率并优化用户交互体验。在处理大规模、复杂的三维模型和场景时,直接加载整个数据集不仅对计算资源的要求很高,而且可能导致显著的加载延迟,影响用户体验。空间检索技术通过智能地组织和索引模型数据,使得应用程序能够快速定位和加载用户当前需要查看或与之交互的数据部分,而无须加载整个模型或场景数据。

空间检索技术能够根据模型数据的空间分布,构建高效的索引结构。这些索引结构允许业务系统在执行查询时迅速定位到特定的空间区域,从而只处理或加载这些区域中的数据。这种方法显著减少了需要处理的数据量,提高了数据访问和处理的速度,降低了对计算资源的需求。

在用户浏览或与三维场景交互时,空间检索技术可以根据用户的视点、位置和视野来动态加载和卸载模型数据。这种动态加载机制不仅减轻了对客户端资源的压力,而且减少了等待时间,使得用户能够流畅地浏览大型或复杂的三维场景。在一些专业领域的业务系统中,空间检索技术支持对三维空间数据进行复杂的查询和空间分析,包括查询特定区域内的模型对象、分析对象间的空间关系等。通过空间检索技术,这些查询和分析操作可以更加高效和精确地执行。基于空间检索技术构建的交通热力图如图 5-2 所示。

智联平台数字孪生技术采用基于空间四叉树的方法,用于管理和查询二维空间中的数据。四叉树是一种树形数据结构,它通过递归地将空间划分为四个象限或子区域来组织数据,每个节点代表一个特定的空间区域。在二维空间中,这意味着每个节点最多有四个子节点,分别对应于它所代表区域的四个象限。这种结构使得四叉树特别适合于处理大量的空间数据,例如图形、地理信息系统(GIS)数据和其他需要空间分割的应用。四叉树的构建过程从代表整个数据集的根节点开始。当数据(如点、线、矩形等)被加入四叉树中时,根据数据的空间位置将其放置在相应的象限中。如果一个节点包含的数据量超过了预设的阈值,这个节点就会被分割,它的数据会被分配到四个新创建的子节点中,每个子节点代表当前区域的一个象限。这个过程递归进行,直到所有数据都被适当地组织在树中。

图 5-2　基于空间检索技术构建的交通热力图

5.2.2　三维模型解析技术

在计算机图形学、虚拟现实、游戏开发以及工业设计等领域,三维模型解析技术起着至关重要的作用。它可将存储在文件中的复杂三维数据转换为计算机程序可以直接操作的结构,进而进行渲染、模拟和进一步分析。

三维模型的文件格式众多,包括但不限于 OBJ、FBX、STL、PLY、3DS 等。每种格式都有其特定的设计目的,例如 OBJ 格式广泛用于存储简单的几何数据,FBX 格式支持动画和复杂的场景结构。不同的软件和平台通常优化以支持特定的格式,因此格式转换成为确保数据互操作性的关键。

格式转换不仅涉及原始数据的直接映射,还可能包括数据结构的转换、数据丢失的最小化、特定属性的保留(如材质、纹理、动画等)以及坐标系统的调整。处理这些问题需要深入理解源格式和目标格式的特性,以及它们之间的差异。

为此,定义一套统一的三维模型数据格式,并将其他数据格式统一转换为目标格式,有助于简化模型的处理、存储、交换和渲染,特别是涉及大规模三维数据管理和多平台应用的场景。统一的数据格式能够提高工作效率,减少不必要的格式转换,降低数据丢失的风险,并增强模型数据的兼容性和可重用性。该目标格式能够涵盖大多数应用场景的需求,包括对几何形状、材质、纹理、动画和其他元数据的支持,并支持现代图形技术,如物理基础渲染(PBR)。

目前,已经支持的主流建模软件有 3ds Max、Blender、Revit 和 Bentley 等,这使得该技术能够与现有的工业标准兼容,为建模师提供了更大的灵活性。这种兼容性意味着从不同软件导出的模型都可以被平滑地集成到该系统中,无须额外的转换或重建工作。

考虑到渲染效率和响应速度,对模型数据进行优化是三维模型解析过程中的一个重要环节。优化措施包括减少模型中的顶点数量(模型简化)、创建不同细节层次(LOD)以适应不同的观察距离、优化网格以提高渲染效率等。这些技术旨在在尽可能保持模型外观的前提下,减少计算和存储的负担,从而使港珠澳大桥这种超大规模模型能够在资源有限的设备上流畅运行,港珠澳大桥西人工岛模型渲染效果如图 5-3 所示。

图 5-3　港珠澳大桥西人工岛模型渲染效果图

5.2.3　模型动态装载技术

模型动态装载技术是一种在三维应用程序中按需加载和卸载模型数据的方法,以优化资源使用、提高渲染效率和改善用户体验。这种技术尤其适用于需要处理大规模或复杂三维场景的应用,如游戏、虚拟现实、地理信息系统和城市规划等。模型动态装载技术能够确保应用仅处理用户当前需要或可能很快需要的数据,从而在有限的硬件资源下实现流畅的交互和高质量的视觉表现。

模型动态装载技术依赖于高效的空间索引结构来组织模型数据。这些索引结构使应用能快速确定哪些数据与当前视图相关,哪些可以暂时忽略。这样,当用户在三维场景中移动或改变视角时,应用程序可以迅速通过空间索引判断出哪些模型或数据块与当前视图相关,哪些处于视线之外或距离过远而可以暂时忽略或以更低的细节层次呈现。这种基于空间索引的动态装载机制显著提升了数据处理的效率和应用的性能。首先,它减少了必须加载到内存中的数据量,从而降低了对计算资源的需求,尤其是在内存使用上。其次,通过仅处理与当前视图相关的数据,渲染过程变得更加高效,能够实现更平滑的用户交互体验,尤其是在资源受限的设备上。此外,这种技术还支持更加复杂和动态的场景管理,允许开发者构建出内容丰富且交互性强的三维环境,而不必担心性能瓶颈。这种技术在港珠澳大桥运行管理智联平台中的一个典型应用就是数字大桥的漫游功能,如图5-4所示,该功能以最快200km/h的速度漫游整个港珠澳大桥,充分体现了这种技术在模型加载和渲染方面的优势。

图5-4　智联平台跨海集群工程漫游功能

另外,还引入了HLOD(Hierarchical Level of Detail,分层细节级别)渲染技术,可根据观察者与模型的距离动态选择适当的细节级别进行渲染。这允许在远处使用较低细节的模型,而在近处使用高细节模型,优化渲染效率和视觉质量的平衡。这种方法的核心在于,它不仅考虑了单个模型的细节级别,而且还将场景作为整体进行分层管理,允许对整个场景块或模型组进行细节级别的调整。HLOD技术首先将大型三维场景分割成多个较小的区块,每个区块包含了该空间区域内的所有模型。然后,为每个区块生成LOD级别,这些LOD级别包含了从高到低不同细节的场景表示。在运行时,根据用户的视点和预定义的视距阈值,动态选择并渲染每个区块的适当LOD级别。这样,对于视线较远的区块,系统会选择较低的LOD级别进行渲染;对于视线较近的区块,则使用较高的LOD级别,以保证视觉上的细节和真实感。HLOD技术的优势在于其能够显著提高渲染大规模三维场景的效率和性能,保证了高质量的视觉体验。通过预定义每个场景区块的多个细节级别,并根据用户的视点距离动态选择适当的细节级别进行渲染,HLOD技术减少了远处不必要细节的渲染负担,优化了内存使用,使得大量模型数据的实时处理成为可能。这种方法不仅加快了场景的加载和响应时间,减少了对硬件资源的需求,而且通过在用户近处渲染高细节模型,确保了视觉上的丰富性和真实感。

5.3 基于后端渲染的轻量级实时交互技术

5.3.1 后端渲染传输技术

基于后端渲染的轻量级实时交互技术最关键的是解决低延迟的实时传输技术,这里采用基于WebRTC(Web Real-Time Communication)协议来实现。WebRTC是一项革命性的技术,它在不需要任何插件或第三方软件的情况下,可直接在网页浏览器之间进行音视频和数据共享。作为一项由World Wide Web Consortium(W3C)和Internet Engineering Task Force(IETF)制定的开放标准,WebRTC的目标是通过简洁的API接口,实现浏览器间的实时通信。这项技术支持实时的音频、视频以及任意数据的传输,使得开发者能够构建功能丰富的实时通信应用,而用户只需一个兼容的网页浏览器即可接入这些服务。WebRTC的关键特点包括端到端加密保障通信安全、跨平台兼容性以及对复杂网络环境下的强大穿透能力,这些都是通过内置的STUN/TURN协议实现的。

智联平台数字孪生后端渲染基于开源的 WebRTC 库将图像传输到浏览器，允许在服务器端利用高性能的 GPU 和专门的渲染软件进行复杂的三维渲染和图形计算，然后实时地将渲染结果传输至客户端浏览器进行动态显示。智联平台数字孪生利用 WebRTC 进行业务数据的动态加载，比如典型的应用是将雷达与视频信号检测到的车辆信息动态地叠加在大桥三维模型上，如图 5-5 所示。实现这一过程需要一个包含多个主要步骤的、相对完整的流程。

图 5-5　基于雷视融合的车路协同

首先是渲染服务器端设置，这些设置包括配置渲染环境和集成 WebRTC 库。在服务器端配置具有高性能 GPU 的硬件环境，并安装优化的三维渲染软件。这些软件可以是专业的三维图形处理工具或定制的渲染引擎，它们能够处理复杂的三维场景和图形任务。在服务器端集成谷歌开源的 WebRTC 库。这需要下载 WebRTC 的源代码并在服务器上编译生成相应的库文件，或直接使用预编译的版本。

其次，实现实时渲染流程，包括捕获图像和编码视频流。实现一个渲染循环，使用服务器上的渲染软件绘制三维场景，并捕获渲染后的图像。这些图像可以是单帧图像或视频流。将捕获的图像或视频流使用 WebRTC 支持的编码格式（如 VP8、VP9 或 H.264）进行编码。编码过程可以通过 WebRTC 提供的接口来完成，以适应实时传输的需求。

第三是通过 WebRTC 传输图像，包括建立信令机制、建立 WebRTC 连接、传输视频流。建立信令机制就是通过信令服务器协调服务器与客户端之间的WebRTC连接。信令服务器可以基于WebSocket、HTTP或任何其他服务器端技术来交换SDP信息、ICE候选等必要的连接信息。建立WebRTC连接即在服务器和客户端之间建立WebRTC连接。服务器端使用WebRTC库创建RTCPeerConnection对象，客户端则在浏览器中使用相应的WebRTC API进行响应。传输视频流即向服务器传输视频流，视频流通过建立的WebRTC连接将编码后的视频流从服务器传输到客户端。WebRTC协议支持实时的音视频数据传输，并且内置了NAT穿透和加密功能，确保数据的安全性和可靠性。

最后是客户端显示，在客户端浏览器中接收通过WebRTC传输的视频流，并进行解码显示。WebRTC协议确保了高效的视频数据传输和低延迟的显示效果，使用户能够实时观看服务器端渲染的三维场景。

5.3.2 后端渲染架构设计

后端渲染架构设计，特别是当涉及实时图形处理和交互式应用时，需要精心规划以确保系统的高性能、可扩展性和稳定性。在这样的架构中，需要考虑负载均衡和信令交换两个关键组成部分，它们共同支撑起整个系统的高效运行。

负载均衡在后端渲染架构中扮演着至关重要的角色，它负责将客户端请求分配到多个后端渲染服务器，以实现资源的最优利用，避免单点过载。另外还需要根据后端服务器的当前负载和资源情况动态地分配请求。这里需要实时监控每个服务器的CPU和GPU使用率、内存占用以及网络带宽使用情况。负载均衡还需要支持会话持久性，即确保来自同一客户端的所有请求被路由到相同的后端服务器，以保持应用状态的连续性。此外还应实施健康检查机制，定期检查后端服务器的健康状态，一旦检测到故障，能够自动将流量转移到健康的服务器上，确保服务的高可用性。

信令交换负责在参与通信的各方之间传递信令数据，以协商和建立连接。这里采用WebSocket进行信令交换。WebSocket作为一种在单个TCP连接上进行全双工通信的协议，由于其低延迟和实时性的特点，非常适合用于实现信令服务。将负载均衡和信令交换合并成signal服务，如图5-6所示。

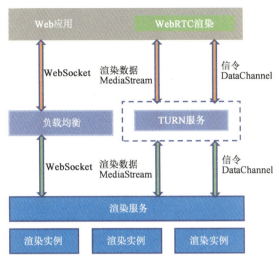

图 5-6　后端渲染系统架构图

5.3.3　轻量级交互技术

轻量级交互技术的核心在于开发易于使用、高效的前端 JavaScript 库,旨在支持与后端渲染应用的快速交互,主要涉及鼠标移动、点击和键盘输入等事件的回传、WebRTC 通信以及业务数据的交换。这样的库需要注重效率、易用性和低延迟,以确保流畅的用户体验和高效的数据处理。

在实现鼠标移动、点击和键盘输入等事件回传的过程中,首先通过在客户端监听和捕获用户的交互行为,如点击、滑动和按键等,然后将这些事件信息封装成统一的格式进行序列化,这一步骤保证了事件数据可以被后端系统准确识别和处理。为了降低网络延迟并提高数据传输的效率,进一步采取了批处理和数据压缩技术对事件进行优化处理,这样不仅减少了单次传输的数据量,还提升了事件传输的实时性。通过这种方法,能够确保用户在前端的交互行为能够快速、准确地反馈到后端系统,从而实现流畅且响应迅速地用户交互体验。

另外还需要,封装 WebRTC 通信流程,屏蔽内部的交换会话描述协议(SDP)信息和互联网连接建立(ICE)候选过程,并提供统一的外部接口给应用层调用。

通过设计 PeerStream.js 库,屏蔽了内部的所有交互过程,实现了轻量级的交互技术并提供简洁的 API 交互,具体实现基于 WebComponents API 组件化 video 标签、断线自动重连、DOM 生命周期绑定、支持 stun 公网穿透、全局挂载、支持 5 种键盘/鼠标/触屏输入模式、支持视频自动播放、video 标签的 ID 即信令服务器地址。

5.4 本章小结

本章针对交通设施场景对数字孪生的需求,规划了完整的用户交互技术路线,包括模型解析和模型动态装载技术,以及后端渲染技术;构建了完整的大桥数字孪生框架;提供了完整的基于数字孪生的交互技术底座。该底座支持通过叠加专门的业务场景交互需求,不断地扩展数字大桥的展示和交互能力,该技术为交通基础设施数字孪生提出了一套新的完整交互解决方案。

本章参考文献

[1] EKSERT P, AKCIN H. A review on the 3D cartographic and spatiotemporal GIS models for safety of accidents in deep underground coal mines[J]. Mining, Metallurgy & Exploration, 2024: 1-23.

[2] CHOI Y, BAEK J, PARK S. Review of GIS-based applications for mining: Planning, operation, and environmental management[J]. Applied Sciences, 2020, 10(7): 2266.

[3] SHIT R C, SHARMA S, PUTHAL D, et al. Location of things (LoT): A review and taxonomy of sensors localization in IoT infrastructure[J]. IEEE Communications Surveys & Tutorials, 2018, 20(3): 2028-2061.

[4] ZHONG J J, SHEN W, HUANG J H, et al. 3D visualization of track route in non-GIS platform[C]//International conference on Internet of Things and Machine Learning (IoTML 2021). SPIE, 2022, 12174: 100-105.

[5] LIU Y X, HUANG T Y, LIU F, et al. Next-generation multiple access for integrated sensing and communications[J]. Proceedings of the IEEE, 2024: 1-30.

[6] ANDRIOTI H, STAMOULIAS A, KAPETANAKIS K, et al. Integrating WebRTC and X3DOM: bridging the gap between communications and graphics[C]//Proceedings of the 20th International Conference on 3D Web Technology.

ACM,2015:9-15.

[7] EMMANUEL E A, DIRTING B D. A peer-to-peer architecture for real-time communication using Webrtc[J]. J Multidiscipl Eng Sci Stud (JMESS), 2017, 3(4):1671-1683.

[8] JANSEN B, GOODWIN T, GUPTA V, et al. Performance evaluation of WebRTC-based video conferencing[J]. ACM SIGMETRICS performance evaluation review, 2018, 45(3):56-68.

[9] ZHONG J J, LI J W, JIN H Y. Design and implementation of 3D visual system based on cloud rendering[C]//Proceedings of the 2022 6th International Conference on Electronic Information Technology and Computer Engineering. ACM, 2022:723-726.

[10] KAI Z. Analysis of a micro service load balancing method based on Nginx reverse proxy mechanism[J]. Wireless Internet Technology, 2020, 16(8):140-142.

[11] 白静,袁涛,范有福.ZS3D-Net:面向三维模型的零样本分类网络[J].计算机辅助设计与图形学学报,2022,34(7):1118-1126.

[12] 孙嗣辰.视频整合与识别技术在交通行业中应用[J].科技创新与应用,2019(21):161-162.

[13] 惠记庄,张泽宇,叶敏,等.公路建养装备数字孪生技术综述[J].交通运输工程学报,2023(4):23-44.

CHAPTER 6 | 第 6 章

智联平台立体纵深安全防护体系

在基础的防病毒和防攻击功能上，针对交通基础设施的关键性系统构建一个既经济又可靠的安全防护系统是智联平台的核心目标之一。本章从安全防护体系的需求出发，提出了智联平台立体纵深安全防护体系搭建的技术路线，然后从操作系统安全防御、用户级的异常行为感知与阻断、容器安全、应用系统安全四个主要方面进行了详细介绍。

6.1 智联平台安全防护体系的需求

6.1.1 智联平台安全防护体系的需求与挑战

智联平台安全防护体系的主要目标是预防、检测和应对各种网络威胁，保护信息系统的完整性和机密性。智联平台安全防护体系的安全防御体系包含以下几个核心能力：边界防护、访问控制、系统安全、数据加密、审计与监控等。

智联平台安全防护体系通过边界防护建立有效的网络边界，利用防火墙、入侵检测系统（IDS）和入侵防御系统（IPS）等技术手段，并通过策略配置阻止未经授权的访问和恶意流量进入智联平台的内部网络，从而保护内部网络的各种资源和业务系统免受外部攻击和非法访问。访问控制则是智联平台安全防护体系对用户身份的验证和授权，根据多因素认证、权限分配以及角色基线策略等方式实施资源访问管理。系统安全是智联平台安全防护体系维护智联平台容器云架构下各业务系统的操作系统、数据库、应用软件等相关程序的安全，定期更新补丁从而帮助业务系统防范漏洞，同时智联平台安全防护体系的系统安全也承担部署反病毒、反恶意软件系统，防止恶意代码感染等功能。数据加密是智联平台安全防护体系运用加密技术保护数据在传输过程中的安全，智联平台安全防护体系主要管理 SSL/TLS 协议、IPSec 的传输，实现业务系统数据在存储和使用过程中的保密性。智联平台安全防护体系通过审计与监控，建立全面的日志记录和审计机制，实时监控网络行为和系统状态，及时发现异常情况并做出响应。

智联平台安全防护体系是一个综合防御策略，强调事前预防、事中监测与事后恢复的全过程管理,构建一个动态、持续的过程,需要根据实际需求和外部威胁环境的变化,灵活调整和完善防御措施,以达到有效抵御各类网络攻击,保障网络空间安全稳定的目标。

6.1.2 智联平台安全防护体系的技术路线

智联平台安全防护体系基于可信系统管控的整体安全防御系统的整体系统架构设计,明确了各关键技术在智联平台中的应提供的安全支撑能力,以及各关键技术在智联平台中的使用场景。确定了整体安全防御系统需承担的安全职责,以及给智联平台提供的安全能力。四个主要的独立的模块对应不同层级所面临的安全问题,在独立构建的同时也使其协作运行,共同构建立体多层次的智联平台安全防护体系,其功能架构如图6-1所示。

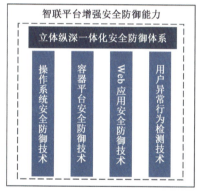

图 6-1　整体安全防御系统架构图

智联平台安全防护体系在操作系统层,保障操作系统层的安全,通过对二进制文件安全性的判断,实时更新、维护二进制文件动态可信任库。容器平台层安全防御技术保障容器运行平台的安全,针对容器镜像本身的安全风险,对容器镜像仓库进行安全管理,保障大桥多业务系统的底层容器运行环境与平台本身的安全。智联平台安全防护体系使用多平台设备指纹技术实现网络数据流量安全管控。设备指纹基于机器人行为分析的流式技术和设备指纹技术,从而阻止内部人员通过自动化手段抓取数据,以及内部机器攻击行为,达到防止数据泄露的目的。智联平台安全防护体系Web应用安全防御技术通过字节码探针对应用的关键函数调用进行实时监控,阻断针对Web应用的恶意请求,达到提升传统应用防火墙防御效果的目的。

　　智联平台安全防护体系基于安全管理的核心需求构建了展示与管理平台，管理各子系统产生的安全数据，并提供统计、综合分析、告警等管理功能。在安全集成展示与管理平台安全总览图中，可以对威胁拦截次数、应用攻击趋势、二进制文件统计、异常信息记录、主机与容器安全概要、镜像威胁统计等信息进行直观化的展示，如图6-2所示。

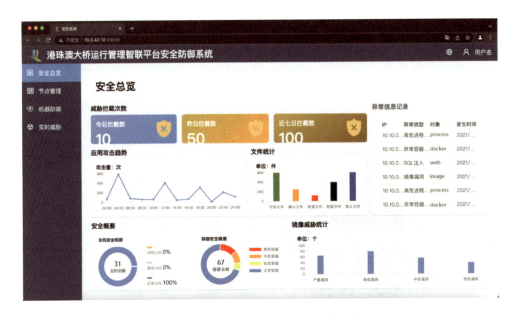

图6-2　智联平台安全防护体系的展示与管理平台

　　智联平台安全防护体系的技术架构如图6-3所示，在港珠澳大桥云平台中部署安全服务器，提供可信任库防御阻断子系统以及基于字节码探针的应用自我保护子系统的服务端功能。在港珠澳大桥运行管理智联平台的容器子系统中，通过轻量级安全容器子系统对容器镜像及容器行为进行安全监管和控制，通过可信任库防御阻断子系统客户端对容器环境进程进行实时安全校验。如存在非容器子系统，也可通过可信任库防御阻断子系统客户端对运行的进程进行实时安全校验。同时，在智联平台中运行的Web应用都是通过基于字节码探针的应用自我保护子系统客户端进行实时应用自我保护。通过各类终端对智联平台的访问，都基于设备指纹的异常行为识别子系统的机器防御服务器进行过滤，拦截机器攻击行为。

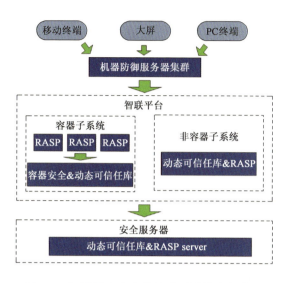

图 6-3　智联平台安全防护体系的技术架构图

6.1.3　基于云平台的增强型防御

1）专有云平台的基础安全防御

港珠澳大桥运行管理智联平台是一个构建在专有云平台之上的多业务系统集成性平台，作为基础的专有云平台，其已经附带了较为完备的通用安全措施及软硬件设备，根据需求调研，专有云平台既有的安全措施如表 6-1 所示。

专有云平台既有安全措施　　表 6-1

序号	组件	功能
1	云盾	基础组件
2		流量安全监控
3		安骑士
4		态势感知
5		应用防火墙
6		平台侧堡垒机
7	硬件设备	硬件防火墙（一主一备）

云平台由两大安全组件构成，分别为云盾和硬件防火墙。云盾是从网络安全、服务器安全、应用安全、数据安全、安全管理和安全服务等多维度防护云上安

全的一套专有云安全解决方案,其主要功能模块包括 Web 应用防火墙、安骑士、堡垒机、态势感知和流量安全监控,云盾的技术框架如图 6-4 所示。硬件防火墙也称 Web 应用防火墙(也称 WAF)模块,用于保护云环境中网站应用服务避免遭受常见 Web 漏洞的攻击,既包括诸如 SQL 注入、XSS 跨站脚本等常见 Web 应用攻击,也包括 CC 攻击,即影响网站可用性的资源消耗型攻击。同时 WAF 模块提供根据网站实际业务制定精准的防护策略,用于过滤对用户网站有恶意针对性的 Web 请求。

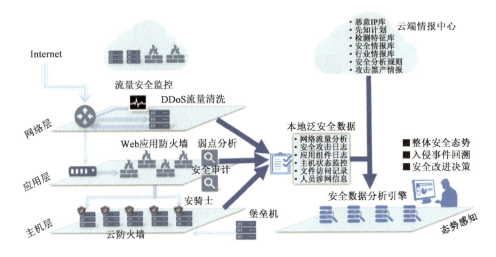

图 6-4 云盾的技术框架图

云平台的安全组件提供了基础安全功能,能解决绝大部分的安全问题。但是由于智联平台的环境复杂以及存在多种安全风险,需要提供增强性的安全防御体系,因此,需要构建一套立体纵深安全防御体系。

2) 智联平台的增强型立体纵深安全防御

基于对专有云基础安全服务的分析,并根据智联平台的架构和特点,智联平台面临的安全风险可以从两个维度进行分类。

从软件层面,安全风险可分为操作系统安全风险、容器平台安全风险、业务系统安全风险。操作系统安全风险是指智联平台及其业务系统以及操作人员使用的操作系统可能存在安全漏洞,恶意程序可能通过安全漏洞或其他方式进入操作系统,对操作系统本身造成破坏。容器平台安全风险是指由于智联平台是构建在容器平台上的,所以,一旦容器镜像存在漏洞,就有可能发生破坏容器镜像、容器逃逸等安全事件。业务系统安全风险是指由于智联平台采用 B/S 架构,如果 Web 应用存在安全漏洞,攻击行为也可能通过 Web 应用的漏洞直接进行攻击,导致应用系统遭到破坏,或者敏感数据的丢失。

因为所有的安全风险都是通过人的因素带来的,所以我们还可以从人为因素对安全风险进行分类,分为人为故意安全风险、人为疏忽安全风险。人为故意安全风险通常是由黑客针对某一确定的目标发起的攻击,其目的是破坏系统及应用的运行,或者窃取敏感数据。人为疏忽安全风险是指由于运维人员、操作人员的疏忽造成的安全漏洞,如没有及时更新安全补丁、泄露系统账号、使用了不安全的移动设备等,都有可能造成安全事件的发生。

以上两种类型的安全风险将会为业务系统带来多种安全问题,比如,基础云平台的安全组件可以解决部分安全问题,如硬件资产安全、运维安全、已知病毒、异常网络连接、Web 攻击、爆破撞库等,但与此同时,还有一些安全问题需要在智联平台层面通过智联平台安全防护体系来解决,如未知病毒、系统后门、数据泄露、容器逃逸等。那么就需要构建一个立体纵深的智联平台安全防御体系,以提供基础云平台安全组件之上的增强安全防御能力,安全防御所应对的安全风险如图 6-5 所示。

图 6-5　智联平台面临的安全风险

智联平台安全防御体系通过构建多层次的基于可信计算和行为分析的立体纵深安全防御系统来提供增强安全防御能力,如图 6-6 所示。智联平台的立体纵深安全防御体系构建了感知-评估-决策-执行自动化处理模型对来自各方面的安全攻击行为进行统一实时检测。并采用一体化防御体系解决大规模复杂集成应用系统的安全问题。同时,构建了面向操作系统、容器平台、Web 应用、异常行为检测的立体纵深防御体系,提供整体安全防御保障,具体来说分别是面向操作系统的基于动态可信任库的系统防御和阻断技术;面向容器平台的轻量级虚拟化容器安全技术；面向 Web 应用的基于字节码探针的应用自我保护技术和面向网络流量的基于用于异常行为检测的多平台设备指纹技术。

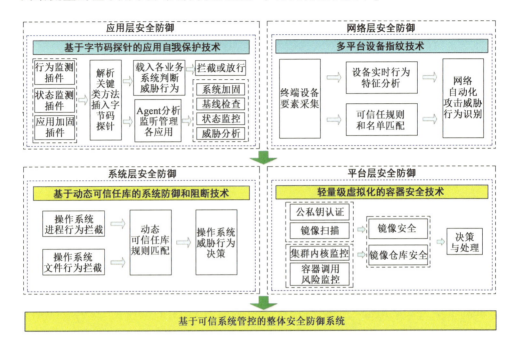

图 6-6　立体纵深安全防御体系架构图

为保障操作系统层的安全，实现二进制文件的实时采集及拦截。通过对二进制文件安全性的判断，实时更新、维护二进制文件动态可信任库。

为保障运行平台的安全，通过基于 eBPF 的新一代内核技术实现信息采集探针，并结合后台分析能力建设，实现容器监控与安全保障能力。

为保障网络流量的安全，采用多平台设备指纹技术，实现用户异常行为检测。从设备层、应用层提取显性和隐性标识符，生成唯一设备指纹。基于用户在浏览器和移动端 App 上的操作行为特征，对人的行为和机器行为进行分类，以进行人机识别。研究基于 IP 和设备指纹的访问请求流量分析，识别网络机器人攻击行为。阻止内部人员通过自动化手段进行爬取数据、撞库、暴力破解等攻击行为。

为保障 Web 应用的安全，通过字节码探针的分析技术，实时阻断针对 Web 应用的威胁攻击，提供 Web 应用的增强安全保护能力。通过对系统中的关键函数解析为字节码，而后插入探针，实现对系统行为的监控，当监控到异常的访问行为，对该行为做出拦截的操作。

综合各层次的安全防御技术,最后形成一套立体纵深安全防御体系,并通过可视化展示平台,提供安全威胁预警、安全漏洞提示、安全设备监控、安全管理配置等可视化功能。通过对各个业务系统的数据进行融合,将平台分为重要数据展示、节点数据展示、安全威胁拦截、配置管理四大模块。具体四个方面的技术,在下面章节中阐述。

6.2 基于文件可信分级的操作系统安全防御机制

在操作系统安全防御层面,智联平台安全防护体系构建了基于二级制文件可信分级的操作系统安全防御机制,通过基于动态可信库的系统防御和阻断技术对操作系统的二进制文件进行精准管控。

6.2.1 构建信任库

基于动态可信库的系统防御和阻断技术采用动态可信任库机制,智联平台安全防护体系将文件哈希值作为文件唯一编码,控制可运行的应用程序,确保只有存在于信任库中的可执行文件才能被运行,只有存在于信任库中的内核模块才能被加载,只有存在于信任库中的动态链接库文件才能被加载,其余动作一律拦截。信任库可根据进程行为动态更新,正常的程序安装与更新可自动更新到信任库,程序的恶意篡改、病毒入侵、木马植入等行为不会被录入到信任库,智联平台安全防护体系通过这种方式杜绝"零日攻击"威胁,在不干扰系统及应用正常运行的情况下,保障业务系统的正常工作。

同时,智联平台安全防护体系可根据业务需求对安全策略进行设置,以适应不同的业务系统安全需求。也可根据不同业务系统的功能和特点对服务器操作系统进行精细化配置,达到针对性安全防御的目的。基于动态可信库的系统防御和阻断技术的核心思想是对二进制文件进行分级管控,通过基于操作系统内核的二进制可执行文件更改监测方法,对二进制文件进行从生成、更新到销毁的全生命周期追踪;通过文件系统事件及日志追踪技术实现二进制文件的溯源,从而对所有二进制文件进行实时安全分级;通过基于硬件指令的高性能、高可靠性校验码算法,精准标记每一个二进制文件;通过文件安全分级体系,精准管控每一类二进制文件。操作系统二进制文件安全分级体系如表6-2所示。

操作系统二进制文件安全分级体系表　　　表6-2

文件分级	文件细分	堡垒级	安全级	普通级
可信	1. 操作系统官方文件	放行	放行	放行
可信	2. 可靠第三方软件供应商官方发布的文件	放行	放行	放行
确认	3. 经审核的文件(含签名和无签名文件)	放行	放行	放行
确认	4. 签名合法的文件	先放行后审核	放行	放行
普通	5. 系统更新程序释放的无签名文件	先审核后放行	先放行后审核	放行
普通	6. 1、2、3级文件释放的无签名文件	先审核后放行	先放行后审核	放行
普通	7. 全盘扫描时的无签名文件	先审核后放行	先放行后审核	先放行后审核
危险	8. 外部获取的有签名文件、签名与来源不一致	先审核后放行	先审核后放行	先放行后审核
危险	9. 外部获取或程序更新时释放的无签名文件	先审核后放行	先审核后放行	先审核后放行
禁止	10. 用户自定义不允许运行的程序	禁止	禁止	禁止
禁止	11. 签名非法、被篡改的文件	禁止	禁止	禁止
禁止	12. 已知的非法、危险文件	禁止	禁止	禁止

智联平台安全防护体系将操作系统中的所有可执行文件、动态库文件、内核模块文件根据安全风险级别分为五大级12小级,任何文件都可归为其中一级。系统根据用户安全需求,可设置一种安全级别,并可在Web管理端随时调整。本系统共提供三种安全级别供选择,分别是高安全级、安全级和普通级。在不同的安全级别下,不同文件采取的安全措施将不同。存储有受管控的所有操作系统的所有二进制文件及其安全级别的表,称之为信任库。

建立信任库之后就要针对信任库构建整个生命周期。首先是信任库采集,受本系统管控的安全节点在安装完客户端管控程序,运行时首先会对系统内所有的二进制文件(包括可执行文件、动态库文件、内核模块文件等)进行病毒扫描和其他文件信息的扫描,根据扫描结果对文件进行安全分级并存储于信任库中。在系统运行过程中,会对二进制文件的变化进行动态监控,包括操作系统正常的二进制文件变化行为,以及病毒入侵、木马植入等非法行为造成的二进制文件变化。第二是信任库更新,通过对安全节点操作系统中的二进制文件的变化监控,信任库中相应的二进制文件条目会进行自动更新,主要更新内容为文件大小、文件唯一校验码、文件安全级别等,其中文件安全等级由系统自动计算评估获得。第三是进程实时拦截,在运行有客户端控制程序的安全节点主机中,操作系统的每一次进程启动、动态库文件加载、内核模块加载等行为都会被实时拦截,并对相应的二进制文件进行校验码计算。通过基于硬件指令的64位CRC校验码计算,既保证了计算的高效性,也保证了校验码的唯一性。将计算后的校验码与信任库中的校验码进行匹配,查找其安全级别,低于可运行安全级别要求的二进制文件,将直接终止其运行,以保证系统安全性。第四是文件写入控制,可通过配置禁止二进制文件(包括可执行文件、动态库文件、内核模块文件)的写入来保证计算机运行环境的可控性。系统通过配置对指定的二进制文件进行防篡改保护,对于保护的二进制文件,任何程序都无法进行修改、覆盖和删除操作,从而保证重要程序的稳定性和安全性。默认进行防篡改保护的有系统自身的内核模块和服务程序,从而保证系统程序自身的安全性。最后是PDE管理机制,系统服务器通过PDE管理机制对Linux客户端以及Windows客户端节点进行安全策略的精细管理,根据不同业务系统的需求,通过对功能模块的组合,智联平台安全防护体系的形态分为感知、感知+评估、感知+评估+决策+执行。

6.2.2 服务器端

服务器端主要由安全控制器、Web接入模块、日志服务器组成,如图6-7所示。其中安全控制器为核心控制设备,安装于服务端,用于管理安全节点、存储、管理、校验信任库,对安全节点发送命令。安全控制器的主要功能有维护一个信任库,存放所有二进制文件的信息,对安全节点行为,接收安全节点传来的消息,对该设备进行心跳维持。每台安全节点都需安装一个客户端控制程序,用于与安全控制器连接,接受安全控制器的监管。

图 6-7　服务器端安全防御机制技术架构图

另外,在服务端中,Web 接入模块负责与 Web 展示界面进行通信;日志服务器用于接入服务端、安全节点的所有工作日志。服务端的技术架构如图 6-8 所示。

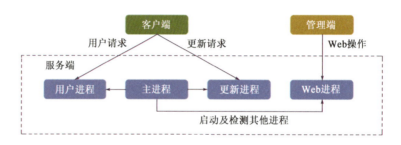

图 6-8　服务端的技术架构图

服务端程序共由四个进程组成,分别是主进程、用户进程、更新进程、Web 进程。其中主进程负责启动其他三个进程,并检测其他三个进程是否异常,用户进程负责接收用户发来的文件校验信息并进行反馈,更新进程用于客户端检测及下载最新的客户端程序,Web 进程用于接收管理员 Web 端的操作命令。

6.2.3　客户端

操作系统安全防御机制的 Linux 客户端安装于智联平台的 Linux 安全节点中,是一个主要基于 SELinux 和自定义 LSM 框架模块的安全业务系统,在 SELinux 的基础上,进行简化配置,使其方便使用,而自定义 LSM 框架模块则是实现动态可信任库的关键,在自定义模块中,使用 HOOK 技术以及 LSM STACK 技术将钩子函数插入系统中,从而来监控整个系统的行为以及根据行为来控制系统,Linux 客户端的技术架构如图 6-9 所示。

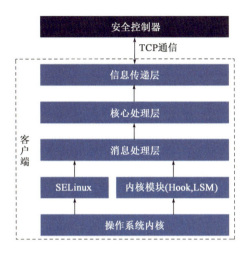

图 6-9　Linux 客户端技术架构图

安全节点与安全控制器(服务端)通过 TCP 通信。安全节点的 Agent 服务主要有 SELinux 模块、Linux 内核模块两大功能模块。

SELinux 模块主要包含 SELinux 控制组件和 SELinux 策略模块,以及主处理模块的一部分。其中 SELinux 控制组件包括和 SELinux 沟通的所有接口,不管是控制 SELinux 还是接收 SELinux 的信息,都是这个控制组件,组件通过调用第三方库,如 SElinux、SEobject、SEpolicy 等,来实现具体的功能,包括 SELinux 功能的开启与关闭、配置文件的读写、基本的文件标签操作、布尔操作、用户映射、登录用户的创建、端口的标签修改、添加和删除、策略文件的基础生成等。

Linux 内核模块负责策略相关功能,为了提高用户体验,只需要配置自定义程序的可执行文件路径以及相关参数,就可以自动产生相应的管理策略文件。安装到系统后,安全措施便可以开启防护,当用户更新了自定程序后,只需要执行一段时间,策略模块会自动发现新的需求,重新产生一个新的策略模块,以更新所需要的安全需求,其生命周期包括:策略库的创建和管理,策略项目的创建和删除,模板策略的生成,策略的安装和反安装,提供独有的策略库的安装与卸载,策略搜索,容器策略的安装与卸载。另外,还需要实现一个安全信息队列,用来维护主模块和内核模块的信息沟通,除了信息读取,还包括消息通知机制。主处理模块主要是处理来自服务器的请求,以及收集安全节点的信息并发送给服务器。来自服务器的请求包括开关 SELinux、自定模块功能、收集日志等。

功能插件模块提供扩展安全信息的感知能力。每种信息的感知提供独立的插件，插件提供热插拔能力，可随时加载或卸载。功能插件模块具有插件注册、插件启动、插件卸载、安全信息感知等通用功能。

6.3 用户异常行为感知和阻断

为保障智联平台用户访问行为的合法性，通过基于多平台设备指纹的用户异常行为感知和阻断技术实时识别用户或操作人员对智联平台发起的自动化攻击行为，阻断用户自动化攻击行为对智联平台的爆破、撞库等攻击，最终达到防止智联平台关键数据泄露的目的。

用户异常行为感知和阻断技术主要通过基于机器人行为分析的流式技术和设备指纹技术，阻止内部人员通过自动化手段抓取数据，内部机器攻击等行为，从而解决数据泄露、爆破撞库等安全问题。

用户异常行为感知和阻断技术通过浏览器和移动 App 端采集显性和隐性标识符，用户操作行为特征数据，通过设备指纹生成算法以及用户访问行为特征指标，并利用统计学方法，基于历史访问请求流水序列数据建立对应的 Profile 模型，来量化当前序列节点的异常程度，进行异常行为检测。

基于多平台设备指纹的用户异常行为感知和阻断技术，我们构建了机器防御系统，该系统综合了基于 Nginx 插件流量旁路与管控技术、多平台设备指纹技术、流式数据分析与机器行为识别技术等技术手段。

6.3.1 基于 Nginx 插件流量旁路与管控技术

基于 Nginx 插件流量旁路与管控技术的系统由流量旁路、事中控制和指纹注入三个关键子模块构成，这些模块在 HTTP 请求到达 Nginx 后依次进行处理，彼此独立但又相互协作，共同实现对 HTTP 请求的全面管控，并最终将处理结果返回给客户端，如图 6-10 所示。

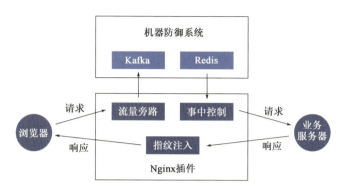

图 6-10　Nginx 插件流量旁路流程图

首先,流量旁路模块负责将 HTTP 请求解析成半结构化的数据,并将其写入消息中间件,以供其他业务系统参与规则的决策。同时,原始流量继续传递到事中控制模块。在事中控制模块中,系统会查询内存数据库,获取机器防御系统的决策结果,进而决定如何进一步处理该请求——是阻断访问还是放行。若放行,则请求会被转发到后端的 Web 服务器进行处理,然后获取 Web 服务器返回的响应。

接着是指纹注入模块,它在获取响应后,会在 HTML 页面的 head 部分插入获取设备指纹的 JS 代码。客户端随后会根据注入的 JS 代码获取设备指纹,后续请求会携带该指纹信息供机器防御系统进行决策。

接着,系统会判断请求是否来自内网,或者请求访问的是静态页面,或者请求方法、URI 不需要防护,若是,则直接放行请求。然后,系统会检查请求是否包含 access code,若包含,则会校验 access code 的合法性。若 access code 有效,则放行请求。若请求的 cookie 中包含 pass code,则会校验其合法性。若 pass code 有效,则放行请求,并生成一个 access code 放入 cookie,同时将 pass code 从 cookie 中删除。

6.3.2　多平台设备指纹技术

多平台设备指纹技术通过在网站页面或移动端 App 中集成设备指纹脚本,收集物理设备和终端环境的多重信息,由设备指纹生成服务产生唯一的设备识别码。

设备指纹的架构如图 6-11 所示,可以分为客户端、服务端、数据端三个层次。客户端分为 Web/Wap/App 三大渠道类型,对于 Web/Wap 渠道提供便于集成的 JS,对于 App 端提供 android、ios SDK 集成包。服务端主要提供指纹逻辑的生成接口服务,服务运行在 Netty 服务器中。数据端主要提供数据存储服务,建议采用 as 缓存技术(k-v 存储)。其他还有采用 Nginx 的负载层,具有轻便性能优越的优势;以及 kafka、消费者工具等消息中间件。

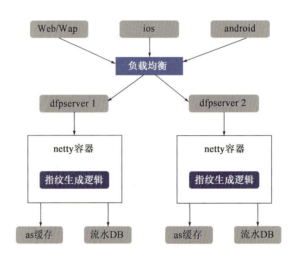

图 6-11 设备指纹架构图

网页端仅需在页面端简单配置设备指纹 JS 下载路径即可使用设备指纹服务。App 端集成设备指纹相关 SDK,并通过接口代码调用即可直接使用设备指纹服务。将指纹服务的 JS 脚本地址嵌入到需要保护的目标页面中(可由插件无感嵌入),用户在访问目标网站时,会从服务端下载指纹采集的 JS 脚本到终端设备中,该脚本会采集一些终端设备的要素信息,如图 6-12 所示。

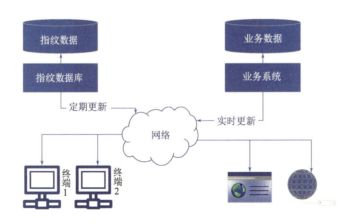

图 6-12 设备指纹接入架构图

6.3.3 流式数据分析与机器行为识别技术

流式数据分析与机器行为识别技术由 Nginx 插件旁路智联平台请求流量，将流量推送到 Kafka 中间件；通过规则平台来定义识别机器行为的计算指标和风险识别规则；通过流式处理器，加载指标，对决策引擎推送的流水进行实行计算；用决策引擎下载规则和实时计算指标，对流水进行机器行为判断；最后由 Redis 组件来存储最终的行为风险（黑名单），如图 6-13 所示。

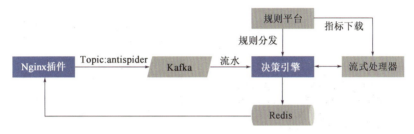

图 6-13　流式数据分析与机器行为识别技术架构图

6.4　容器平台安全防护技术

在容器平台层，为保障容器镜像和容器行为的安全，采用轻量级虚拟化的容器平台安全防护技术，通过实时监控容器镜像及容器的网络、进程、文件等运行时行为，阻断有安全漏洞的容器部署和运行。轻量级虚拟化的容器平台安全防护技术架构如图 6-14 所示。

轻量级虚拟化的容器平台安全防护技术基于 eBPF 新一代内核技术，结合后台分析能力建设，实现容器监控与安全保障能力。用于解决容器平台所产生的容器逃逸、镜像漏洞、非法容器行为等安全问题。

轻量级虚拟化的容器平台安全防护技术具备如下主要功能：容器宿主机、kubernetes 环境、docker 环境的合规基线扫描功能；自定义镜像 CVE 漏洞扫描引擎，基于官方开源的 cve 漏洞，扫描镜像中存在的 cve 漏洞；自定义病毒扫描引擎，基于反病毒库检测病毒文件和其他恶意的威胁；通过 eBPF 探针，捕获应用在容器环境下的各项行为并建立行为模型，一旦发现模型之外的行为，则认定为异常行为，并发送告警通知相关负责人进行问题检查或加入白名单。

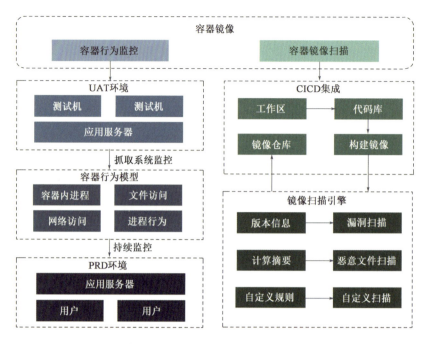

图 6-14　轻量级虚拟化的容器安全防护技术架构图

同时,轻量级虚拟化的容器平台安全防护技术能实现容器全生命周期的安全防御功能。针对基础设施→制品→容器运行,进行全方位的安全扫描和监控告警。基础设施安全方面,保障宿主机、Kubernetes、Docker 等基线配置合规,减少基础设施层漏洞被利用的可能。制品镜像安全方面,保障容器镜像内不存在已知漏洞、恶意文件、涉密文件,保证镜像安全可信。可疑行为发现,识别容器内可疑的网络通信、文件访问、系统调用、进程启动等行为,及早发现潜在威胁。入侵行为告警,针对容器受攻击的典型场景,对容器内的各类入侵行为进行监控,实时发现恶意入侵行为。

轻量级虚拟化的容器平台安全防护技术采用基于 eBPF 的新一代内核技术,以一套采集探针以及两个功能门户落地。两门户分别为容器监控门户以及容器安全门户。

轻量级虚拟化的容器平台安全防护技术所采用的主要组件有很多,智联平台安全防护所具备的指针类型包括:容器云主机探针,主要负责采集网络调用关系、业务性能数据、容器行为数据、容器镜像信息等,负责将数据发送给数据接收集群供分析平台分析,同时探针接收安全平台和监控平台下发的指令,进行实时数据收集;数据接收组件,负责向外暴露端口接收监控数据,将数据做预处理后分发到 Kafka 集群;安全监测扫描引擎,负责从 ElasticSearch 获取线下模型数据,根据实时数据进行容器运行时异常检测,如发生安全危险事件,将事件发送至态势感知平台,同时进行镜像漏洞扫描、恶意文件扫描、自定义扫描以及基线检测;监控和安全门户,负责数据展示、用户操作界面;告警组件,与数据处理组件解耦,负责从 Kafka 获取数据并根据告警规则触发告警,产生的告警存储到 ElasticSearch 并同步到蓝鲸统一告警平台;配置中心保存各种动态配置,负责从集群中获取集群信息,探针和系统中其他组件会从配置中心获取动态配置;Kafka 作为消息中间件将组件解耦,暂存监控数据供后续组件按规则消费,Kafka 的消息分发模型支持组件的横向扩展,同时为系统提供削峰填谷的能力;缓存组件为系统提供缓存能力,一方面会缓存需要高频率访问或计算比较耗时的数据,另一方面会保存流式聚合数据的中间结果;ElasticSearch 模块保存大规模数据,提供快速检索和聚合能力;MySQl 模块主要存储门户的各项配置数据,以及门户权限和用户信息。有了这些组件化探针,智联平台安全防护通过将这些探针技术单独或联合使用实现了多种功能。

6.5 应用系统安全防护技术

在 Web 应用层,为保障来自 Web 应用实时请求的合法性,使用基于字节码探针的应用实时自我保护技术对 Web 应用系统进行保护。通过字节码探针对应用关键函数调用进行实时监控,实时阻断针对 Web 应用的攻击,提升传统应用防火墙的安全性。

基于字节码探针的应用实时自我保护技术主要通过四个技术层面实现对 Web 平台的安全防御,分别是采集层、分析层、管理层、展示层,如图 6-15 所示。

采集层的主要作用是用于采集应用程序相关数据,通过对采集到的行为信息判断是否合法,最终实现有效的防御。分析层可保持防御规则不断更新,在新的 Web 漏洞曝出后,通过推送新的防御规则,分发到各安全节点。管理层主要进行统一管理,通过威胁分析后完善监测插件,分发新规则。展示层的主要作用是可视化功能管理与展示、管理各类漏洞库,攻击事件,以及各安全节点的运行状况。

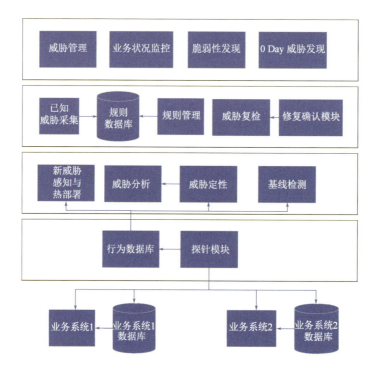

图 6-15 基于字节码探针的应用实时自我保护技术架构图

基于字节码探针的应用实时自我保护技术使用应用探针技术,对 Web 服务器进行插桩操作,agent 节点与 Web 服务器生命周期保持一致,并对 hook 点进行有效监控,有效防护 OWASP TOP10 的攻击。为 Web 服务器提供了更有效保障,无须复杂配置,一键式部署,拦截攻击精准且误报率极低,使得基于字节码探针的应用实时自我保护技术在 Web 安全领域发挥着重要意义。该技术直接将防护引擎嵌入到应用内部,能够感知应用上下文。传统的防护设备,WAF、IDS 等,均是对 HTTP 请求进行分析和处理,并结合请求特征库进行匹配,能做的安全防御工作比较有限。

该技术抛弃了传统防火墙依赖请求特征检测攻击的模式,创造性地使用应用运行时自我保护技术,直接注入被保护应用的服务中提供函数级别的实时防护,可以在不更新策略以及不升级被保护应用代码的情况下检测/防护未知漏洞,尤其适合大量使用开源组件的互联网应用以及使用第三方集成商开发的各类行业应用。使用应用运行时自我保护技术的应用防护墙有效阻止了 0Day 漏洞的发生,防护 Web 服务器免受主流网络攻击,使 Web 服务器的安全性充分提高。

当服务器发生攻击,就会触发这些 Hook 点,此时 agent 就可以获取到函数的参数,比如要读取的文件名、要执行的命令等。该技术由管理后台管理节点并记录 agent 告警信息实现安全防护流程。

当向 Web 服务器发起了 http/https Web 请求，agent 根据 javascript 算法规则优先判断该请求是否存在恶意参数，若存在会立刻拦截，并跳转拦截页面，不存在，该请求会正常执行；agent 拦截的调用栈详情会被记录在管理后台攻击事件中，攻击事件模块可以看到 Web 攻击的全部信息。其启动流程设计按照一定步骤进行。应用启动时首先会进入 javaagent 的 premain 函数，该函数会在 main 函数之前预先执行。

上述过程中最为关键的是对关键函数进行 Hook，Hook 的实现方案由于启动时候进行了插桩操作，当有类被 ClassLoader 加载时，会把该类的字节码先交给自定义的 Transformer 处理。之后自定义 Transformer 会判断该类是否为需要 hook 的类，如果是会将该类交给 javassist 字节码处理框架进行处理。javassist 框架会将类的字节码依照事件驱动模型逐步解析每个方法，当触发了需要 hook 的方法，会在方法的开头或者结尾插入进入检测函数的字节码。最后，把 hook 好的字节码返回给 transformer，从而载入虚拟机。

6.6 本章小结

安全一直是信息科学和信息系统建设的关键着眼点，特别是针对港珠澳大桥这种关键性基础设施，信息安全是各个业务系统稳定运行的基础。智联平台在基础安全之上针对攻击和异常提出了多层次多维度的安全防护体系。本章从分析交通基础设施的安全环境和多业务系统场景下的安全风险出发，从操作系统、容器、应用，以及用户异常行为等多个方面提出了多维度、多层次立体纵深的安全防护框架，为智联平台和各个业务系统提供了完善的安全防护机制，确保大智联平台的安全运行。

本章参考文献

[1] BASS T. Multisensor data fusion for next generation distributed intrusion detec-

tion systems[J]. Proceedings of the IRIS National Symposium on Sensor and Data Fusion, 1999, 24(28):24-27.

[2] SAXENA V, SAXENA D, SINGH U P. Security enhancement using image verification method to secure docker containers[C]// Proceedings of the 4th International Conference on Information Management & Machine Intelligence. ACM, 2022: 1-5.

[3] LOUKIDIS-ANDREOU F, GIANNAKOPOULOS I, DOKA K, et al. Dockersec: A fully automated container security enhancement mechanism[C]// 2018 IEEE 38th International Conference on Distributed Computing Systems (ICDCS). IEEE, 2018: 1561-1564.

[4] LEE H, KWON S, LEE J H. Experimental analysis of security attacks for docker container communications[J]. Electronics, 2023, 12(4): 940.

[5] JAIN V, SINGH B, KHENWAR M, et al. Static vulnerability analysis of docker images[C]// IOP Conference Series: Materials Science and Engineering. IOP Publishing, 2021, 1131(1): 012018.

[6] ALYAS T, ALI S, KHAN H U, et al. Container performance and vulnerability management for container security using docker engine[J]. Security and Communication Networks, 2022(1): 6819002.

[7] MCLNTOSH T, KAYES A S M, CHEN Y P P, et al. Applying Staged Event-Driven Access Control to Combat Ransomware[J]. Computers & Security, 2023, 128: 103160.

[8] LEE K, LEE J, YIM K. Classification and analysis of malicious code detection techniques based on the APT attack[J]. Applied Sciences, 2023, 13(5): 2894.

[9] BANDARI V. Enterprise data security measures: A comparative review of effectiveness and risks across different industries and organization types[J]. International Journal of Business Intelligence and Big Data Analytics, 2023, 6(1): 1-11.

[10] OMOLARA A E, ALABDULATIF A, ABIODUN O I, et al. The internet of things security: A survey encompassing unexplored areas and New Insights

[J]. Computers & Security, 2022, 112: 102494.

[11] MRABET H, BELGUITH S, ALHOMOUD A, et al. A survey of IoT security based on a layered architecture of sensing and data analysis[J]. Sensors, 2020, 20(13): 3625.

[12] ABIRAMI P, BHANU S V. Enhancing cloud security using crypto-deep neural network for privacy preservation in trusted environment[J]. Soft Computing, 2020, 24(24): 18927-18936.

[13] LIU Z, XU B, CHENG B, et al. Intrusion detection systems in the cloud computing: A comprehensive and deep literature review[J]. Concurrency and Computation: Practice and Experience, 2022, 34(4): e6646.

CHAPTER 7 | 第 7 章

数字港珠澳大桥的建设成果

港珠澳大桥运行管理智联平台（以下简称"智联平台"）自立项至今已完成研究、研发、测试、生产环境部署、业务系统对接与集成，以及整体上线工作。其所涉及的工作包括基于港珠澳大桥运行管理智联平台的数据集成、业务集成、展示集成、安全防御等主要功能，如图7-1所示。

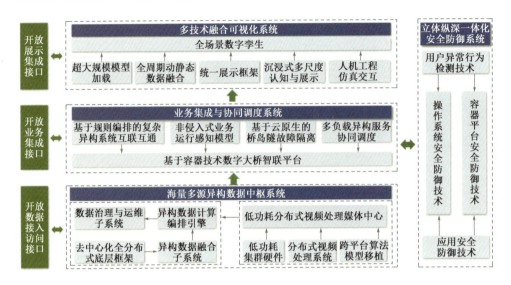

图7-1　港珠澳大桥运行管理智联平台成果图

7.1　智联平台实施效果

智联平台作为整体项目的集成任务的载体，已完成所有规划的业务系统集成工作，包含项目内新建业务系统、项目外新建业务系统和已有业务系统等。

构建完成桥岛隧多类型业务智能协同调度系统完成对业务系统的容器化改造与服务化改造，支撑业务系统集成，完成了港珠澳大桥23个业务系统的615个业务服务的集成和协同调度，达成了100%的集成度；构建基于规则编排的统一消息网关，实现对23个业务系统内共计134类API的统一管理、鉴权和路由；构建智联平台统一门户，制定统一信息展示标准，实现对所有业务系统用户和权限的统一管理；构建多源异构海量数据处理系统，实现对通用数据标准、结构健康监测数据、机电设备状态数据和报表、水文监测数据、视频监控数据、视频AI推理结果、安全监测结果、轨迹坐标、通用告警等的映射、转换、计算及存储,完成现有公共数据的在线及实时数据接口开发,完成数据中枢的数据标准管理、数据任务管理、数据资产管理等模块的开发及上线;完成数据接入核心模块功能实现,支持 12 种以上不同源头数据的同时接入、存储以及数据管理;已实现 200T 的压缩逻辑,对压缩后的数据检索效率提升超过 50%;构建多技术融合可视化系统,实现对 23 个业务系统页面的集成,并通过框计算的模型业务叠加技术实现了对业务数据的叠加,实现了 95% 的运维可视化,如表 7-1 所示。

集成业务系统列表 表 7-1

序号	业务系统	业务类别
1	水下检测系统	智能感知业务
2	水上检测系统	
3	基于声学的铺面健康状况自动化巡检系统	
4	结构健康监测数据分析软件	
5	人工岛评估系统	维护养护业务
6	桥梁正常运行及极端状态智能仿真、评估及分级预警系统	
7	沉管隧道服役状态评价系统	
8	港珠澳材料断裂与疲劳性能数据库	
9	高强度螺栓缺陷智能检测系统	
10	智能维养决策系统	
11	耐久性模型库及智能评估系统	
12	全域车辆轨迹跟踪系统与智能预警系统	交通运行业务
13	作业区 HSE 风险管控系统	
14	无人路政系统	
15	运营管理服务综合评价系统	
16	应急培训与演练系统	
17	应急管理系统	
18	智慧出行系统	
19	防灾减灾安全一体化平台	防灾减灾业务
20	智能问答机器人及知识管理系统	通用赋能业务
21	边缘计算平台	
22	交互式虚拟辅助决策系统	
23	流式计算平台	

智联平台作为能力构建方和服务提供方,对各个参研单位、各个课题和子课题、各个业务系统和业务流程进行深入的需求调研,建立完善可靠的需求收集、需求分析、需求共享机制和平台,采用基于需求分析的迭代式开发模式,从而能够根据实际需求不断优化智联平台设计和实施。

智联平台对各类型数据源的集成、接入、存储、管理支持如表7-2所示。

集成数据源类型　　　　　　　　　　　表7-2

序号	需求名称	优先级别
1	数据集成-传感器	1
2	数据集成-机电设备	1
3	数据集成-机电报表	1
4	数据集成-23个业务系统	1
5	数据集成-交通车辆轨迹	1
6	数据集成-病害状态	1
7	数据集成-工单状态	1
8	数据集成-无人船、检测车、无人机、机器人	1
9	数据集成-边缘计算	1
10	数据集成-计算引擎	1
11	数据集成-评估	1
12	数据集成-三维信息模型	1
13	数据标准	1
14	数据任务	1
15	数据资产	1
16	数据服务-公共数据接口	1
17	集群管理	1

智联平台的建设是一个标志性项目,它专为应对规模庞大、复杂度高、层次多样以及高性能要求的挑战而设计。该平台创新性地融合多源异构模型数据,采用多种可视化手段以及采用超大模型三维渲染技术,展现了其技术的高度成熟和应用的广泛性。具体成果包括一个综合性平台——港珠澳大桥运行管理智联平台,五个关键软件系统,两项前沿技术,以及一个创新的硬件产品,这些成果共同构成了一个全面的、多层次的解决方案体系。

智联平台不仅是一个数据处理和展示的平台,它更是一个全方位、深层次的业务协同和智能决策的综合体。平台内的桥岛隧多类型业务智能协同调度系统、多源异构海量数据处理系统、交互式虚拟辅助决策系统、多技术融合可视化系统以及基于可信系统管控的整体安全防御系统,共同提供了一个强大的、可靠的支持环境,确保了大桥运行管理的高效性和安全性。

技术创新是智联平台成功的关键。平台首创的基于资源名字系统(RNS)的去中心化全分布式底层框架、跨源数据管理和高性能多源异构数据计算编排引擎等关键技术,解决了多源业务复杂数据组织的难题,实现了智能化运维全业务的动态数据集成落地和集中管控。此外,平台的超大规模三维信息模型实时渲染及分段动态多层次细节加载技术,空天地海立体化静动态实时数据融合模型等,为港珠澳大桥构建了一个数字化的、动静结合的管理和监控体系,极大地提高了结构健康监测、维养决策等方面的效率和准确性。

智联平台还强调了技术架构和安全防御的重要性,通过提出容器化数字大桥智联平台技术架构,实现了秒级服务故障发现与分钟级服务异常根源检测,以及跨系统无缝连接与高效协同,极大地提升了业务互联与自动化水平。同时,基于文件安全分级算法的主机安全防御机制和用户异常行为的高性能设备指纹算法及检测技术,构建了立体纵深一体化安全防御体系,为数字港珠澳大桥提供了坚实的安全保障。

在全面响应智能化、协同化运营需求的背景下,智联平台成功构建了一套集桥岛隧多类型业务于一体的智能协同调度系统。该系统不仅圆满完成了对既有业务系统的深度容器化与服务化改造工程,更以强大的整合能力有效支撑起各业务系统的无缝集成,从而在港珠澳大桥这一世界级工程中,实现了对其23个业务系统的全面覆盖,以及其中多达615项业务系统的高效集成与精准协同调度。这一卓越成就标志着智联平台在业务流程数字化转型中取得了重大突破,达到了前所未有的100%集成度,确保了大桥各项业务活动的高度协调一致,显著提升了整体运营效能。

为进一步强化跨系统通信与数据交互的安全性与规范性,智联平台匠心打造了一个基于规则编排的统一消息网关。该网关系统充分发挥其核心职能,对港珠澳大桥23个业务系统内共计134类API进行了全方位的统一管理、严谨鉴权与智能路由配置。此举不仅简化了跨系统间的消息传递机制,确保了各类业务数据的准确无误、及时送达,还通过对 API 访问权限的精细化控制,构筑起一道坚实的信息安全防线,为大桥运营的稳定性和可靠性提供了有力保障。

着眼于提升用户体验与管理效率,智联平台精心构建了智联平台统一门户,并在此基础上制定了严谨且适用广泛的统一信息展示标准。该门户作为一站式操作界面,实现了对所有关联业务系统用户身份的集中认证、权限分配与动态管理,确保每位用户都能在权限范围内便捷地获取所需信息、执行相关操作。此外,统一的信息展示标准有效消除了因系统差异导致的信息呈现不一致问题,极大地提升了信息资源的利用效率与用户满意度。

面对港珠澳大桥所产生的海量、多源、异构数据挑战,智联平台研发出一套高性能的多源异构海量数据处理系统。该系统具备强大的数据处理与整合能力,能够对包括通用数据标准、结构健康监测数据、机电设备状态数据、报表信息、水文监测数据、视频监控数据、视频 AI 推理结果、安全监测结果、轨迹坐标、通用告警等在内的多元数据源进行精准映射、灵活转换、高效计算与长期稳定存储。同时,智联平台成功开发并上线了实时数据接口,使得各类公共数据得以在线即时获取,确保了数据中枢在数据标准管理、数据任务调度、数据资产维护等关键环节的高效运作,为数据分析决策提供了强大支持。

在数据接入层面,智联平台设计并实现了核心模块功能,该模块具备出色的兼容性与扩展性,能够同时接纳来自至少 12 种不同源头的复杂数据流,确保数据的顺利接入、可靠存储以及精细化管理。值得一提的是,智联平台创新应用了先进的数据压缩算法,成功实现了高达 200T 的压缩逻辑,使得压缩后数据的检索效率得到超过 50% 的显著提升,极大优化了数据查询性能,为实时数据分析与决策提供了强有力的技术支撑。

最后,智联平台构建了一套融合多种先进技术的可视化系统,将港珠澳大桥 23 个业务系统的页面无缝集成于同一视图下,营造出直观、高效的运维环境。通过引入框计算模型与业务叠加技术,该系统能将各业务系统的数据深度融合,实现95%以上的运维可视化程度。这意味着无论是宏观运行态势还是微观细节信息,都能以清晰、动态的方式呈现在管理者面前,助力他们快速洞察潜在问题,精准制定应对策略,确保大桥运营始终保持在最佳状态。综上所述,这一系列信息化建设成果不仅显著提升了港珠澳大桥的智能化运营水平,也为大型基础设施项目的数字化管理树立了新的标杆。

7.2 智联平台技术成果

港珠澳大桥运行管理智联平台的研发工作取得了一系列的成果。包括首次提出基于资源名字系统(RNS)的去中心化全分布式底层框架,研发了基于统一元数据模型的跨源数据管理和高性能多源异构数据计算编排引擎等关键技术,解决了桥岛隧集群工程多源业务复杂数据组织难题,实现了港珠澳大桥智能化运维全业务动态数据集成落地和集中管控;研发了桥岛隧集群工程超大规模三维信息模型实时渲染及分段动态多层次细节加载技术,构建了空天地海立体化静动态实时数据融合模型,实现了结构健康监测结构检测评估、维养决策、交通运行组织、应急救援等多维动态数据与桥岛隧一体化数据模型的实时叠加,为建设动静结合的数字港珠澳大桥奠定了重要基础;提出了容器化数字大桥智联平台技术架构,研发基于操作系统内核的故障感知分析与隔离、基于规则编排的复杂异构系统互联互通等关键技术,实现了秒级服务故障发现与分钟级服务异常根源检测及跨系统无缝连接与高效协同,构建了基于群体智能的多负载异构服务协同调度模型,提升了业务互联与自动化水平,实现了港珠澳大桥智能运维的多业务融合;作为底层安全机制,智联平台提出了基于文件安全分级算法的主机安全防御机制,研发了用户异常行为的高性能设备指纹算法及检测技术,构建了立体纵深一体化安全防御体系,为港珠澳大桥提供了安全保障。

未来,智联平台将在港珠澳大桥的运维中扮演核心角色,随着港珠澳大桥智能化运维各项攻关成果的落地应用,以及港珠澳大桥数字化转型工作的持续推进,智联平台的各项关键技术还将进一步迭代升级、推广应用,这些关键技术将对粤港澳大湾区乃至全国交通基础设施的数字化、智能化转型升级产生引领作用。

索 引

E

eBPF extended berkeley packet filter ·········· 099

G

港珠澳大桥运行管理智联平台 HongKong-Zhuhai-Macao bridge operation management intelligent linking platform ·········· 016
公路桥梁管理系统 bridge management system ·········· 006
故障隔离 fault isolation ·········· 103
规则编排 rule orchestration ·········· 087

H

后端渲染 backend rendering ·········· 120

K

空间检索 spatial retrieval ·········· 116
跨海集群工程 cross-sea cluster project ·········· 009

L

立体纵深安全防护 multi-layered depth defense ·········· 128

Q

全链路监控 end-to-end monitoring ·········· 099
全息立体感知 holographic sensing ·········· 009

R

容器编排技术 container orchestration ·········· 082

容器网格　container mesh ……………………………………………… 081

容器云　container cloud ……………………………………………… 084

入侵防御系统　intrusion prevention system(IPS) ………………… 128

入侵检测系统　intrusion detection system（IDS) ………………… 128

S

三维模型解析和动态加载　3D model parsing and dynamic loading …… 112

数据孤岛　data silos …………………………………………………… 016

数据流水线　data pipeline …………………………………………… 052

数据流水线编排　data pipeline orchestration ……………………… 051

数据模型　data model ………………………………………………… 039

数据资产　data assets ………………………………………………… 069

数字大桥　digital bridge ……………………………………………… 020

数字孪生　digital twin ………………………………………………… 112

W

微服务架构　microservices architecture …………………………… 097

物联网　internet of things（IoT） …………………………………… 039

T

弹性伸缩　elastic scaling ……………………………………………… 058

Y

业务烟囱　business silos ……………………………………………… 022

有向无环图　directed acyclic graph(DAG) ………………………… 070

元数据　metadata ……………………………………………………… 038

云原生　cloud native …………………………………………………… 089

Z

智联平台安全防护体系　security protection system of intelligent linking platform …………………………………………………………………………… 128

智联平台数据中枢　central data processing system of intelligent linking platform ………………………………………………………………………… 038

智联平台协同调度系统　cooperative dispatching of heterogeneous service system of intelligent linking platform ……………………………………… 080

资源名字系统　resource name system ……………………………………… 060